DICTIONNAIRE

DE

SIGILLOGRAPHIE

PRATIQUE

CONTENANT

Toutes les notions propres à faciliter l'étude et l'interprétation

DES

SCEAUX DU MOYEN AGE

PAR

ALPH. CHASSANT ET P.-J. DELBARRE

La sphragistique, ou connaissance des sceaux,
est la sœur de la numismatique.

MILLIN.

---◆---

PARIS

J.-B. DUMOULIN, LIBRAIRE

DE LA SOCIÉTÉ DE L'ÉCOLE DES CHARTES

Quai des Augustins, 13

—

M DCCC LX

DICTIONNAIRE

DE

SIGILLOGRAPHIE

PRATIQUE

DICTIONNAIRE

DE

SIGILLOGRAPHIE

PRATIQUE

CONTENANT

Toutes les notions propres à faciliter l'étude et l'interprétation

DES

SCEAUX DU MOYEN AGE

PAR

ALPH. CHASSANT ET P.-J. DELBARRE

La sphragistique, ou connaissance des sceaux,
est la sœur de la numismatique.

MILLIN.

PARIS

J.-B. DUMOULIN, LIBRAIRE

DE LA SOCIÉTÉ DE L'ÉCOLE DES CHARTES

Quai des Augustins, 13

M DCCC LX

Si la numismatique est considérée comme une branche importante de l'archéologie, quelle estime ne doit-on pas faire de la sphragistique, qui, pour l'étude du moyen âge, est un si puissant auxiliaire.

En effet, après la science des médailles, en est-il une plus attrayante, plus instructive que celle qui a pour objet l'étude de ces milliers d'empreintes sigillaires fixées aux vieux parchemins que renferment les dépôts d'archives? Quelle variété de types! La *frappe* de ces *espèces* n'est pas limitée ici comme celle des monnaies. L'usage du coin monétaire n'appartenait qu'aux monarques et à quelques grands feudataires. L'emploi du sceau, au contraire, s'étendait à tous les individus; il était pratiqué isolément ou collectivement. Ainsi, papes, empereurs, rois, princes, ducs, comtes, marquis, vicomtes, barons, chevaliers, écuyers, varlets, damoiseaux, châtelains, dames, baillis, tabellions, prélats, doyens, chanoines, abbés, prieurs, docteurs, ordres religieux et militaires, communautés ecclésiastiques et laïques, communes, juridictions, universités, commerçants, artisans, laboureurs, bourgeois, bourgeoises, simples possesseurs de terre, et même les sociétés burlesques, satiriques ou facétieuses, tous avaient leur sceau, sur lequel étaient gravés leur nom, leurs attributs, leurs titres, leurs emblèmes. Qui ne voit de suite l'utilité d'une science qui s'exerce sur un champ aussi vaste et aussi varié? Et s'il était nécessaire de démontrer cette utilité par le témoignage des savants, nous ne manquerions pas d'autorités; nous nous bornerons à une seule citation :

« La sphragistique ou connaissance des sceaux, dit le savant antiquaire Millin, est une source féconde d'instruction ; on y trouve la solution d'une infinité de questions, et les éclaircissements les plus curieux pour l'histoire, les généalogies, les usages, les costumes du moyen âge et l'hagiologie ou histoire des saints; on y observe les progrès de l'art de la gravure. La sphragistique est la sœur de la numismatique [1]. »

Cependant ces précieux monuments de l'histoire furent longtemps négligés des antiquaires et des historiens français. Les sceaux n'étaient appréciés que des officiers publics, qui n'y voyaient qu'un signe d'authenticité, et rien de plus. Ce ne fut guère qu'au commencement du XVIIᵉ siècle que quelques historiographes les utilisèrent comme documents. Nous devons aux bénédictins de savantes études sur les sceaux du moyen âge, et, dans leurs grands travaux historiques sur nos provinces, ils surent mettre à profit ces

---

[1] *Magasin encyclopédique*, t. IV, 1811.

précieux matériaux, qu'ils faisaient graver
pour servir de preuves à l'appui de leur
texte. Les généalogistes des xviie et xviii^e
siècles en usèrent de même. Jusque-là les
sceaux-matrices et les sceaux-empreintes
figuraient fort peu dans les collections archéologiques. En 1811, l'antiquaire Millin
disait encore, dans le *Magasin encyclopédique*, qu'il dirigeait alors : « Il est étonnant
que la sphragistique soit aujourd'hui si né-
gligée, et que personne ne pense à former de
grandes collections de sceaux. »

Aujourd'hui, de telles plaintes ne peuvent
plus se reproduire. Depuis l'impulsion donnée aux études historiques du moyen âge,
sous le ministère et l'influence de M. Guizot,
de riches collections de sceaux publiques [1] et
particulières se sont formées; de nouveaux

[1] Comme collections publiques importantes, nous
citerons : 1° la belle collection d'empreintes moulées,
commencée d'abord aux Archives impériales par
MM. Daunou et Letronne, continuée et classée par
M. le comte de Laborde; 2° la collection des sceaux-
matrices du Louvre; 3° celle formée au palais des Beaux-
Arts par M. Depaulis, célèbre graveur en médailles.

traités sur la sphragistique générale [1], particulière et locale, ont été publiés ; mais est-ce
à dire qu'on a exploré en entier le vaste
champ dont nous avons fait voir toute la
richesse ; qu'on a préservé de toute destruc-
tion les sceaux en cire, devenus si friables
par la vétusté, et que froissent les liasses de
parchemins ; que l'on n'a plus rien à redou-
ter de la négligence et de l'ignorance ; qu'il
ne se trouvera plus de nouveaux Vandales,
les uns pour séparer les sceaux de leurs
chartes, les autres pour les convertir en cire
à bouteille (historique) ; que tout a été vu,
dessiné et décrit avec exactitude ; que la
sphragistique enfin est une science épuisée ?
Non ! loin s'en faut. Il reste encore, et pour
bien des années, aux gens studieux bon
nombre d'archives publiques et particulières
à explorer, de nombreuses collections à visi-

---

[1] Du nombre de ceux-ci est le grand ouvrage édité
par le gouvernement, en 1838 ; — *Eléments de paléographie*, 2 vol. in-4º, rédigés par M. de Wailly, et dont
le 2e vol. est consacré tout entier à l'étude des sceaux,
avec de nombreuses planches. — *Voir* pour les autres
la Bibliographie sigillographique qui fait suite à ce Dictionnaire.

ter, comme moyens d'étude ; et aux collectionneurs, comme mesures de sauvetage, à
fureter chez les brocanteurs, les marchands
de vieille ferraille, pour arracher au vieux
cuivre et sauver de la fonte les sceaux-matrices, et recueillir les empreintes en cire,
égarées chez les marchands de parchemins
et d'antiquités.

La sphragistique, autrement dite la sigillographie, est donc une science que les explo-
rateurs du moyen âge, les historiens, les
archivistes et les paléographes ne sauraient
aujourd'hui négliger sans se priver de renseignements du plus haut intérêt.

Voulant contribuer, autant qu'il est en
nous, à propager l'étude de la sigillographie,
et faciliter aux jeunes archéologues, que les
grands traités effraient, les abords de cette
science et leur en faire apprécier tout l'intérêt, nous avons rédigé, pour leur plus grande
commodité, ce Dictionnaire de sigillographie
pratique, où nous nous sommes efforcés de
réunir, dans un format portatif, toutes les

notions les plus essentielles de la sphragistique. Nous espérons qu'il leur sera d'un
grand secours et leur épargnera des recherches pénibles en leur livrant tout de suite,
dans l'ordre alphabétique, la définition d'une
expression, d'une formule, ou d'une appel-
lation, latine ou française, la solution d'une
difficulté d'abréviations, la réponse à une
question de forme, de matière, de couleur,
d'attache ou de date, l'interprétation d'une
légende et toute explication que soulève
l'examen d'un sceau dans toutes ses parties,
et nous avons la confiance que ce livre ne
sera pas moins utile aux personnes qui forment des collections de sceaux, ou qui tra-
vaillent dans les dépôts d'archives.

Comme ce Dictionnaire n'est qu'une expo-
sition abrégée des principes généraux de la
science, pour les personnes qui désireraient
s'instruire plus à fond, connaître les moindres détails, étudier les spécialités et toutes
les particularités de la sphragistique, nous
avons jugé à propos de donner à la fin du
volume une Bibliographie sigillographique.

On y trouvera non-seulement des traités généraux ou particuliers sur la matière, mais encore plusieurs ouvrages historiques et généalogiques qui contiennent des planches de sceaux.

Tel est notre livre : s'il obtient quelques succès, nous les devrons aux leçons des grands maîtres dont nous avons souvent invoqué l'autorité. Toutefois nous n'oublierons pas les communications obligeantes de M. Eugène Noury, dont la belle collection de sceaux-matrices nous a été si utile.

A. CH.

DICTIONNAIRE

DE

SIGILLOGRAPHIE

PRATIQUE

———

A

ABBAYE (*Abbatia, Monasterium, Cœnobium, Conventus*). Couvent d'hommes ou de filles, gouverné par un abbé ou une abbesse.

Plusieurs abbayes, comme plusieurs communautés, n'ont pas d'autres sceaux ni d'autres armoiries que celles de leurs fondateurs; ce qui fait qu'en France, comme le fait observer le P. Menestrier, plusieurs chapitres, plusieurs abbayes et plusieurs colléges ont les armoiries de nos rois, parce qu'elles sont de fondation royale, comme le chapitre de Notre-Dame de Paris, l'abbaye de Sainte-Geneviève, etc.; quelques-uns y ajoutent la crosse, le bâton de chapitre ou l'image de leurs saints titulaires, comme Saint-Vincent de Mâcon, Saint-Taurin d'Évreux, et grand nombre d'abbayes.

Les anciens sceaux des monastères sont ordinairement ronds et ne représentent le plus souvent que les patrons du lieu.

Ceux du XIIIe au XIVe siècle sont ovales ou en ogive.

Légendes :

✠ SIGILLVM CONVENTVS ECCLESIE de.... (XVe s.)

✠ SIGILLVM CAPITVLI SANCTI ou SANCTE N.... de....

✠ SIGILLVM CONVENTVS MONASTERII BEATE MARIE de....

ABBÉ (*Abbas*). Chef d'une communauté religieuse.

Les sceaux des abbés n'apparaissent guère qu'au commencement du XIe siècle, mais sans trop se multiplier. Ils ne devinrent communs qu'au XIIe, quoique plusieurs abbés n'en eussent point encore.

Les sceaux des abbés furent d'abord communs avec leurs communautés; ensuite les uns et les autres en eurent de particuliers; mais ce ne fut qu'au xiie siècle.

Les abbés, dans les anciens sceaux, sont généralement représentés crossés et mitrés. Les uns sont assis sur la chaise abbatiale, les doigts levés pour bénir; les autres debout, la tête nue, et tenant de la main gauche un livre contre la poitrine, et de la droite une crosse tournée en dehors.

La forme de leur sceau est ou ogivale ou ovale.

Quand les abbés ne se faisaient pas représenter sur leurs sceaux, ils y mettaient les noms et les images des saints patrons de leurs monastères.

La formule *Dei gratiâ* se trouve sur leurs sceaux dès le xiie siècle.

Légende :

✠ SIGILLVM N.... ABBATIS MONASTERII ou CENOBII ou CONVENTVS — SANCTI ou SANCTE, BEATI ou BEATE, SANCTORVM ou BEATORVM N.... de....

Les abbés avaient aussi des sceaux de forme orbiculaire, plus particulièrement du xie au xiie siècle, où ils sont représentés à mi-corps.

ABBESSE (*Abbatissa*). Supérieure d'un couvent de religieuses.

Les abbesses n'eurent point de sceaux avant le xiie siècle. Elles y sont représentées en grand habit de chœur, tenant le bâton pastoral; elles sont tantôt debout, tantôt assises.

On voit aussi sur leurs sceaux les images des patrons de leurs églises.

La forme de leurs sceaux est de même que celle des abbés, c'est-à-dire ovale ou en ogive.

Ce ne fut qu'au xiiie siècle que leurs sceaux furent distingués de ceux de leurs chapitres.

LÉGENDE :

✠ SIGILLVM N.... ABBATISSE MONASTERII ou CENOBII SANCTI ou BEATI N.... de.... (*Nomen loci.*)

ABRÉVIATIONS. Les inscriptions ou légendes des sceaux présentent d'autant plus d'abréviations qu'elles ont en certains cas beaucoup de choses à exprimer dans un petit espace. Si les sceaux antérieurs au xiiie siècle contiennent des légendes très-simples et d'un caractère correct, il n'en est pas toujours de même pour les sceaux du XIIIe siècle, où les légendes sont plus prolixes, et par conséquent chargées de mots abrégés. Ainsi, indépendamment des lettres incluses et conjointes, on trouvera des abréviations formées :

1° Ou par des SIGLES SIMPLES, comme s' mis pour *Sigillum, Seel, Sanctus, Stephanus*, etc., ou par des SIGLES COMPOSÉS, comme B.M. pour *Beatæ Mariæ;* D.G. pour *Dei gratiâ;* S.B. pour *Sancti Benedicti;* N.D. pour Notre-Dame, etc.

2° Par des SIGNES ABRÉVIATIFS représentant des syllabes. (*V.* PL. II.)

3° Par LETTRES CONTRE-SIGNÉES ayant aussi leur valeur spéciale. (*V.* PL. II.)

4° Par SUSPENSION, c'est-à-dire laissant les mots inachevés, par exemple PAR' pour *Parisiensis;* DOM' pour *Domini;* SIG', SIGI. SIGIL', pour *Sigillum;* BRIT' pour *Britonum, Britanniæ,* etc.

5° Par CONTRACTION, en resserrant le mot entre les initiales et les finales, et quelquefois avec une lettre médiale caractéristique; tels sont : FRĪS pour *Fratris;* CAPLĪ pour *Capituli;* PBRĪ pour *Presbyteri;* DŃS pour *Dominus,* etc.

6° Enfin, par un signe déterminé pour le mot ET, et dont la forme, à quelque nuance près, est représentée PL. II.

Pour faciliter la lecture des légendes, nous donnons Pʟ. ɪɪɪ les abréviations qui se rencontrent le plus ordinairement sur les sceaux.

ABSENCE DE SCEAU. Dans des lettres du duc de Bretagne (Jean Iᵉʳ, fils de Pierre de Bretagne), délivrées en faveur du vicomte de Rohan, il est dit à la fin :

« *Juravi quod facerem sigillare prædictarum litterarum tenorem sigillo meo proprio, quando proprium haberem, quando a dicto vicecomite vel a suis heredibus fuero requisitus... anno Dom.* ᴍ. ᴄᴄxxxɪ (1231). »

Il est probable qu'à ce moment le sceau du duc nouvellement installé n'était pas encore gravé. D. Lobineau nous en donne la représentation à la date de 1237.

Le duc Jean y est représenté à cheval, tenant l'épée d'une main, et de l'autre son bouclier qui lui couvre la poitrine. La légende est :

S : IOHANNIS : DVCIS : BRIT.... (*brisé*) COMITIS : Richemondie (*brisé*), grand sceau rond. (*V.* nº 77 des planches de l'ouvrage cité.)

Et au nº 83, D. Lobineau en représente un autre de pareille grandeur, également équestre, mais offrant des différences dans les détails du costume du duc et le harnachement du cheval. Comme il est brisé dans le pourtour, on ne lit seulement que :

✠ SIGILLVM : .... BRITANNIE.

Il est à la date de 1276.

ACCORD GRAMMATICAL. Dans les légendes latines, l'accord grammatical est souvent mal observé entre le nom et son attribut. Il ne faut donc pas s'étonner si l'on rencontre une légende ainsi gravée :

S'. AGNETIS VIDVA (lisez : *vidue*) RICARDI DE AVDREIO. (XIIIᵉ s.)

Ou cette autre :

S'. IOHANNE DOMINA (lisez : *Domine*) DE CAROGES. (XIIIᵉ s.)

Le rapport de détermination n'est pas mieux exprimé dans celle-ci :

S'. GALTERVS (lisez : *Galteri*) DE ESSEYO. (XIIIᵉ s.)

Ces fautes témoignent combien les graveurs étaient ou ignorants ou peu soigneux. *V.* ORTHOGRAPHE.)

AD CAUSAS. Abrégé souvent par AD CA͞S, formule servant à désigner un sceau employé pour les actes, les causes, les affaires d'une communauté ou d'une juridiction. *Causæ, res, judicia, placita*, dit du Cange.

C'est ainsi que nous trouvons cette formule sur un sceau du chapitre de Saint-Germain-l'Auxerrois de Paris, dont la légende est :

✠ S. CAPITVLI . SC͞I . GERMANI . AVTISIODOREN . PAR . AD . CA͞S (1348).

Sur un autre de Saint-Pierre de Moyen-Moutier :

✠ SIGILVN (*sic*) AD CAVSA . BEATI PETRIS (*sic*) MOIANDI MONASTERI (*sic*).

Et sur cet autre de l'abbaye de Sainte-Colombe :

✠ S. ABB' . SC͞E . COLVNBE . DIESS' . SENO . SS' (Serviens). A. (*ad*) CAVSAS. (*V.* Causes.)

AIDES (cour des). Compagnie souveraine qui jugeait des appellations civiles et criminelles relatives aux aides, aux impôts, aux gabelles, aux tailles qui se levaient par autorité du roi : son érection date du règne de François Ier.

Notre collection nous fournit un sceau-type octogone de la Cour des Aides, de la grandeur d'un sou, où figurent au centre l'écu de France surmonté d'une couronne fleurdelisée, et, de chaque côté de l'écu, la date divisée en deux parties.

LÉGENDE :

* AYDES DE FRANCE. * 17—17.

ANNEAU DU PÊCHEUR (*Annulus piscatoris*). Anneau qui servait aux papes pour sceller en cire les lettres familières et autres écrits de cette espèce. On l'appelle *anneau du pêcheur*, parce qu'il représente saint Pierre dans son premier état.

Ce ne fut que dans le XVe siècle, au plus tard, que les papes commencèrent à sceller leurs petites bulles ou brefs de l'anneau du pêcheur, qu'ils imprimaient sur une cire rouge différente de la nôtre.

L'empreinte de cet anneau sigillaire était autrefois plaquée au bas du bref; elle ne le fut au dos de l'acte que depuis 1600.

On attribue le premier usage de cet anneau à Clément IV, qui fut couronné en 1265. Mais c'est une erreur : l'usage en est antérieur à ce pape. (D. DE VAINES.)

ANNEAUX SIGILLAIRES (*Annuli signatorii*, *sigillaricii*, ou *cerographi*). Anneaux à sceller.

L'usage des anneaux à sceller remonte à la plus haute antiquité. Les Égyptiens et les Perses s'en servaient communément. Les Romains en usaient aussi pour sceller leurs lettres et leurs testaments.

Chez les Latins on ne trouve pas de dénomination plus ancienne pour exprimer un *sceau* que celle d'*annulus*.

Les rois de la première, deuxième et troisième race firent également usage des anneaux pour sceller. Ceux de la première race avaient le chaton rond pour la plupart; ceux de la deuxième, toujours la forme ovale.

Les évêques se servirent aussi d'anneaux jusqu'au ix⁰ siècle. Ils y faisaient quelquefois graver leurs noms ou leurs monogrammes. (*V.* SCEAUX MATRICES.)

Les anneaux des chrétiens différaient des anneaux des païens, en ce que les premiers bannirent de la gravure tout ce qui avait trait à l'idolâtrie et à la mythologie païenne.

APPOSITION DE DIVERS SCEAUX. Pour donner plus de force à un acte, il arrivait souvent que les personnes présentes à sa confection étaient priées d'y apposer leurs sceaux.

Il s'est trouvé des actes qui avaient, par cette raison, 5, 10, 15, 20, 25, 30 et près de 40 sceaux.

D. Lobineau, dans ses *Preuves de l'histoire de Bretagne*, col. 426, cite un acte du duc Jean, qui est un changement de bail en rachat, de l'an 1275, qui était scellé de 39 sceaux! dont cet auteur donne la description. Le premier était celui du duc de Bretagne, Jean Ier, sceau équestre.

A la fin d'un acte de vente par Hervé, vicomte de Léon, ce seigneur ajoute :

« *E en tesmoine de verite nos seelames ces lettres de nostre seel, et a nos prieres religioses gens l'abbe dou Relec et l'abbe de S. Morice, et monsour Jouhans le Rous, et monsour Henry Taupin mirent leurs seiaus avec le nostre. E mesmement le Prioul de Cloystre de l'abbaye de S. Croez de Kuemperelé, mist son seel*, etc., 1275. » (D. Lobineau, col. 427 des *Preuves*.)

ARCHEVÊQUES (*Archiepiscopus*). Chef ou premier des évêques.

Mêmes observations que pour les évêques.

Légendes :

✠ S' N.... D'. G'. ARCHIEPISCOPI. (*Nomen loci.*)

✠ S'. N.... DEI GRATIA (DI GRA) ARCHIEPI.... (*Nomen loci.*)

Nous voyons des archevêques au XIIIe siècle qui se servent d'un sceau ovale ou ogival et d'un contre-sceau de forme orbiculaire; ce dernier chargé souvent du nom, du buste ou des emblèmes du saint patron de l'église matrice dont les archevêques sont titulaires.

Légendes :

✠ S . N.... DI . GRA . SCE . N.... ECCE . ARCHIEPI.

✠ S . PETRI.... N. (*Nomen sedis*) ARCHIEPI.

ARCHIDIACONÉ (*Archidiaconatus*). C'est l'étendue des paroisses soumises à la visite de l'archidiacre.

Légende :

✠ S' ARCHIDIACONATVS DE N.... (*Nomen loci.*) 1244.

ARCHIDIACRE (*Archidiaconus*). Dignité très-ancienne dans les églises cathédrales, qui donnait à l'ecclésiastique qui en était revêtu la surveillance sur tous les curés de la portion de diocèse qui formait son archidiaconé. Quoique l'archidiacre apparaisse dès le IVᵉ siècle, ce ne fut cependant que dans les bas temps qu'on le voit exercer une certaine juridiction dans les cantons dénommés de l'archidiaconé. Ce dignitaire tenait le premier rang après l'archevêque ou l'évêque ; le sceau dont il se servait était gravé à son nom ou au nom de la fonction qu'il remplissait.

LÉGENDE :

✠ S'. N.... ARCHIDIACONI . N.... (*Nomen loci.*) — Le nom de lieu exprimé le plus ordinairement par un adjectif, avant ou après la qualité ; — forme ogivale ; — ecclésiastique debout, tenant un livre.

ARCHIPRÊTRE (*Archipresbyter*). Premier des prêtres, sorte de doyen qui avait droit de surveillance sur quelques-uns de ses confrères. Il y avait des archiprêtres de ville et des archiprêtres ruraux. Ceux de ville étaient les doyens des curés des villes, et les ruraux étaient les doyens des curés de la campagne. C'est aux archiprêtres que s'adressaient les mandements des archevêques et des évêques, pour les faire tenir aux églises qui étaient dans l'étendue de leur archiprêtré.

LÉGENDE :

S'. ARCHIPBRI DE MONTEBRISONIS. Sur un sceau du xiiie au xive siècle d'un archiprêtre de Montbrison. Au centre, figure debout, tenant un calice; — forme ovale; — lettres capitales gothiq. (V. le *Bulletin de la Société de Sphragistique.*)

ARGENT (*Matière des sceaux*). Comme empreintes, les sceaux d'argent sont plus rares que les sceaux d'or. On ne connaît aucun des rois de France qui ait fait usage de cette matière pour sceller. Du Cange en cite quelques-uns des empereurs de Constantinople ; mais, comme sceaux-types, il s'en est trouvé plusieurs. La mairie de Nonancourt (Eure) possède encore son sceau du xive siècle, qui est en argent. Nous avons donné le dessin de son empreinte dans la ixe planche de la *Paléographie des chartes et des manuscrits du* xie *au* xviie *siècle*, 4e édit.

ARMIGER (*Ecuyer*).

LÉGENDE :

✠ S'. WILLI CORNART ARMIG'I. (*V.* ECUYER.)

ARMOIRIES. Quoique les armoiries aient commencé sur la fin du x⁰ siècle, un sceau qui s'en trouverait chargé avant le xi⁰ porterait un caractère de fausseté : cette règle est constante chez les plus habiles diplomatistes. On ne connaît même point de sceaux armoriés de seigneurs qui remontent jusqu'à l'an 1050. Les écus blasonnés ne devinrent un peu communs que depuis environ le milieu du xiii⁰ siècle. (D. DE VAINES.)

Louis le Jeune est le premier de nos rois qui ait fait usage de fleurs de lis dans son contre-scel.

ARTISANS (*Artifices, Fabri*). Beaucoup d'artisans avaient un sceau qui leur était personnel. Ils y mettaient non-seulement leur nom, mais ils y faisaient figurer les instruments de leur profession.

On en trouve des exemples dans plusieurs collections de sceaux. C'est ainsi que, dans le *Recueil de Sceaux normands,* publié par M. Léchaudé d'Anisy, nous voyons, pour n'en citer que quelques-uns du xiii⁰ siècle, ceux-ci dont les légendes expriment tantôt le nom et la profession, tantôt le nom seul de l'artisan. (*V. PL. VIII.*)

✠ S¹. RIC(ardi) : **CARPENTARII.** Forme ronde ; — au centre, une *hache*.

✠ S¹. **THOME LE SVTORE.** Au centre, l'*os à polir*, accosté à senestre d'une *forme*, et à dextre d'une *semelle* ; — sceau rond.

✠ S¹. **STEPHANI KARIAS.** Une *navette* au centre ; — sceau rond.

ATTACHES. Cordons de cuirs, de parchemin, de soie, de fils d'or et de soie, ou rubans servant à maintenir les sceaux pendant aux chartes. Les attaches ou lemnisques de parchemin et de cuir ont commencé dès les premiers temps ; les attaches de soie ne sont pas moins anciennes.

Ce n'est que vers le milieu du XIIIe siècle et dans les suivants qu'on imagina en France de découper un ou plusieurs lemnisques du titre pour y attacher les sceaux.

La différence des attaches désignait la condition des personnes.

Quand le paléographe parle des attaches, il doit mentionner leur nature, spécifier leur tissu, leur couleur, etc. ;

Dire aussi si elles sont disposées en croix, ou perpendiculairement, ou horizontalement.

Les fils d'or et de soie appartenaient aux souverains; la soie diversement colorée et tissée servait au clergé et à la noblesse.

Les tabellions et les simples particuliers employaient le parchemin.

La bande de parchemin était appelée *queue*. (*V.* ce mot.)

———

B

BAILLI (*Bajulus, Baillivus, Prœtor*). Officier royal d'épée, au nom duquel la justice se rendait dans un certain ressort, et qui avait droit de commander la noblesse de son district lorsqu'elle était convoquée pour l'arrière-ban. C'était aussi un officier royal de robe longue qui rendait la justice au nom d'un seigneur. Les baillis n'usaient que du sceau de leur juridiction. Les bailliages eurent des sceaux dès leur établissement, vers la fin du XIIe siècle et au suivant. (*V.* BAILLIAGE.)

BAILLIAGE, BAILLIE (*Baillivia, Ballivia, Balivia, Ballia*). C'est la juridiction dont le juge est bailli; c'est aussi l'étendue de cette juridiction.

Les juges établis dans les justices royales et seigneuriales eurent des sceaux dès le XIIᵉ siècle; mais ils ne devinrent communs qu'au XIIIᵉ. Ils s'en servaient alors pour autoriser les actes au lieu d'y mettre leur signature. Chaque juge ou bailli avait son sceau particulier; mais Philippe le Long ayant réuni à son domaine les sceaux des justices royales, leurs sceaux devinrent publics. Louis le Hutin rendit une ordonnance en 1315 pour que les baillis et sénéchaux ne se servissent que de petits sceaux aux armes du roi. (D. DE VAINES.)

LÉGENDES :

✠ SIGILLVM : BALLIVIE : ROTHOMAGENSIS. Dans le champ, une fleur de lis accompagnée de deux oiseaux affrontés, un croissant à dextre, et une étoile à senestre. — Pour contre-sceau, même légende : au centre, un écusson palé de quatre pièces; — cire jaune; — tous les deux de forme ronde. (*De notre collection.*)

✠ 9TRAS'. BALLIVIE . EPĪ . EBROIC'. Une crosse au centre.

✠ 'SIGILLVM BAILLIVIE DE TVRONO. Dans le champ, un dextrochère tenant une crosse, écartelé au 1 et 4 d'une fleur de lis, et au 2 et 3 d'une étoile; — rond. (XIVᵉ s.)

Il se trouve des sceaux de lieutenant de bailliage, plaqués sur des actes du XVIIᵉ siècle, qui ne portent l'indice d'aucune localité. Ce n'est donc que par les titres auxquels ils sont fixés qu'on peut déterminer le nom de lieu. Ainsi nous avons sous les yeux un titre de 1651, émané de la juridiction du lieutenant civil et criminel du bailli de Rouen, en la vicomté de Pont-Audemer, qui porte un sceau plaqué à l'écusson royal, avec cette simple légende en lettres capitales :

SEAV . DE . BAILLIAGE. Forme ronde de la grandeur d'un liard de France.

BANDES DE CUIR. Pour suppléer aux sceaux que n'avaient point encore les particuliers, on attachait au bas des chartes des bandes de cuir auxquelles tous les témoins faisaient un nœud. On trouve des preuves de cet usage singulier du XIᵉ siècle dans les archives de Normandie et d'Aquitaine. (D. DE VAINES.)

BARBE (*Barba*). On ne se douterait guère que la barbe dût figurer dans la sigillographie.

« Pour assurer la foi des actes, dit D. de
Vaines dans son *Dictionnaire de diplomati-*
que, t. II, p. 313, les anciens inséraient quelquefois dans la cire du sceau du poil de leur
barbe ; une charte de l'an 1121 l'annonce
ainsi : « *Quod ut ratum... perseveret... pre-*
« *senti scripto sigilli mei robur apposui cum*
« *tribus pilis barbæ meæ.* » Ils faisaient encore
d'autres marques, ou avec leurs dents ou
avec le pouce. »

Nous ne voyons pas quelle authenticité
pouvait ajouter de plus à un titre l'insertion
de poils de barbe dans la cire du sceau, pas
plus que nous voyons de garantie contre la
fausseté dans la marque du pouce ou des
dents sur la cire. Seulement ces circonstances
sont curieuses à noter quand elles sont men-
tionnées dans les chartes.

BASOCHE (*Bazochia*). Juridiction qui s'exer-
çait entre les clercs du palais ; les plus anciens
en sont les officiers, et celui qui préside
est chancelier.

Le chef de la basoche portait antérieure-
ment le titre de roi.

Ce titre de roi lui avait été accordé par
Philippe le Bel, de l'avis de son parlement.

« *Henri II leur avait permis d'ajouter à leurs armoiries (qui sont trois écritoires), timbre, casque et morion pour marque de souveraineté. C'est Henri III qui révoqua le titre de roi.* »

Cette juridiction de la basoche fut instituée en 1302. Elle était composée des clercs, des procureurs du parlement de Paris, qui, lorsqu'ils étaient assemblés, connaissaient, tant en matière civile que criminelle, des différends qui naissaient entre eux, et réglaient leur discipline. (*V.* PL. IX, le sceau de la Basoche.)

BRONZE, AIRAIN (*Matière des sceaux*). Les sceaux de bronze et d'airain, comme empreintes, sont peu communs. Le seul cabinet du roi de Danemark en conserve plusieurs, dit-on. (HEINECCIUS, *de Sigillis*, p. 114.)

BULLA. Depuis le IXe siècle jusqu'au XIIe, le mot *bulla* fut employé de temps en temps pour marquer les sceaux des rois, de quelques grands seigneurs, et surtout des prélats et des chapitres; par rapport à ces derniers, cet usage n'était point encore passé au XIIIe et au XIVe siècle. (*Les Diplomat. Bénédict.*) (*V.* SCEAUX DE PLOMB.)

BULLE (*Bulla*). Ce mot désigne en général un sceau de métal, à double empreinte, et spécialement le sceau de plomb attaché aux rescrits des papes, d'où ces rescrits ont pris par la suite le nom de *bulles*.

Quelquefois les sceaux de cire ont été appelés *bulles,* dès le ixe siècle.

On nomme *bulles entières*, celles qui sont frappées des deux côtés, et *demi-bulles*, celles qui n'offrent qu'une empreinte.

Il y a eu des bulles d'or, d'argent, de bronze et de plomb.

BURLETTES ou BULLETTES. Sceaux publics dans le pays Messin, d'où est venu *burletter* pour dire *sceller*.

———

C

CACHET (*Signum, Signetum, Parvum sigillum*). Petit sceau d'or, d'argent, de cuivre, de verre ou de pierre précieuse, sur lequel sont gravés des armoiries, un chiffre ou un emblème. Beaucoup de ces petits sceaux, exécutés dans le goût des anneaux sigillaires des anciens, sont devenus des bagues-cachets. Un peu avant le XVIe siècle on voit les petits cachets se multiplier et faire abandonner insensiblement l'usage des sceaux à légendes, et, du XVIIe siècle aux suivants, être complétement en vogue. Tous les cachets ne sont pas disposés en bagues : les uns ont des poignées ou manches en bois, en verre, en cristal, en ivoire, en fer, en cuivre, plus ou moins ouvragés ; d'autres ont de petits appendices qui permettent de les suspendre à des cordons de montres ; d'autres sont à bascules, ayant deux ou trois faces (*V.* PL. XIV), garnis d'un anneau ou d'une poignée. Des communautés religieuses, des administrations et des officiers publics ont fait usage, pour les affaires courantes, de petits cachets ronds ou ovales, dont la grandeur peut varier d'un ancien liard de France à un sou de la première République.

CACHETS DE COMMUNAUTÉS. Indépendamment de leurs grands sceaux qu'elles ont toujours conservés pour les actes importants, plusieurs communautés religieuses ont fait usage, et surtout dans les derniers siècles,

de petits cachets simples, dépourvus souvent
de légendes, et n'offrant qu'un monogramme,
qu'un blason, qu'un emblème, qu'un attribut
ou que l'image du saint patron de leur maison. Pour faciliter leur reconnaissance aux
yeux des collectionneurs, nous donnerons ici
l'explication et le dessin des principaux cachets de communautés. (*V.* Pl. x.)

Augustins. Cet ordre avait pour armoiries :
d'argent au chef de sable, un cœur de gueules
sur argent, enflammé d'or sur le sable. L'argent et le sable marquent les couleurs de
l'habit des religieux de Saint-Augustin. Ce
cœur est quelquefois percé d'une ou de deux
flèches d'azur.

Bernardins. L'ordre de Saint-Bernard portait de sable à la bande échiquetée de deux
traits d'argent et de gueules.

Carmes. Ils portaient un écu tanné ou noir,
chappé ou mantelé d'argent. Ils y ajoutaient
quelquefois trois étoiles, deux de sable sur
l'argent et une d'or sur le tanné.

Les Carmélites ont le même blason.

Célestins. D'argent à une longue croix de
sable entortillée d'un s, et, en France, cette
croix est accostée de deux fleurs de lis. L's est

le chiffre de la ville de *Sulmone*, où cet ordre a commencé.

CHARTREUX. Avaient un globe d'azur, cintré et croisé d'or sur un champ d'argent, et pour devise : *Mundus mihi crucifixus est.*

CLUNY. De gueules à deux clefs affrontées et passées en sautoir d'argent, à l'épée de même pommelée d'or, mise en pal la pointe en haut. Cette abbaye était dédiée à saint Pierre et à saint Paul, dont les clefs et l'épée sont les symboles.

DOMINICAINS. D'argent chappé de sable; ce sont les couleurs de leur habit. Sur l'argent on y voit quelquefois un chien tenant un flambeau entre les dents, dont il éclaire un monde ou globe croisé.

FONTEVRAULT. Les armoiries de cet ordre sont une croix accostée d'un M et d'un I, monogrammes de *Maria* et *Joannes*.

FRANCISCAINS. Ont pour armes ordinairement une croix du calvaire, traversée de deux bras en sautoir : l'un nu, du Sauveur, l'autre vêtu, de saint François. Quelquefois on y joint les stigmates ou plaies, et le tout est entouré du cordon de Saint-François.

2

JÉSUITES. D'azur au monogramme super-croiseté de JHS dans un ovale rayonnant d'or; au-dessous de ce chiffre ils mettent un cœur avec les trois clous de la Passion. Quelquefois ils y mettent ces devises : « *A solis ortu usque ad occasum laudabile nomen Domini.* » — « *Ad majorem Dei gloriam.* » — « *Non nobis, Domine, non nobis, sed nomini tuo da gloriam.* »

MINIMES. Le mot CHARITAS, en trois syllabes mises l'une sur l'autre, enfermé dans un oval rayonnant.

ORATORIENS. La congrégation de l'Oratoire de Jésus, en France, porte les noms de JESVS MARIA dans une couronne d'épines.

PÉNITENTS. Les pénitents du tiers ordre de Saint-François ont une colombe mouvante du chef dans une gloire, et le champ semé de larmes.

PRÉMONTRÉS. Cet ordre, par concession de saint Louis, porte deux crosses d'or passées en sautoir sur un semé de France.

SAINT-MAUR. Cette congrégation a pris le mot PAX enfermé dans une couronne d'épines, sommé d'une fleur de lis et soutenu des trois clous de la Passion.

CAMERA (*Chambre*). On trouve ce mot souvent mentionné dans les titres ecclésiastiques : « *Præsentibus litteris sigillum Cameræ nostræ duximus apponendum.* » — « *Datum die* IV, *mensis aprilis, anno Domini* M. D. LXX, *sub sigillo Cameræ nostræ* » (au bas d'un Mandement de Pierre de Gondy, évêque de Paris, au sujet des petites écoles de Paris, 1570). Il sert à désigner le sceau particulier d'un dignitaire de l'Eglise, le sceau de sa maison. (*V.* CHAMBRE.)

CAMERARIUS (*Camérier*). Les rois, les papes, les évêques, les monastères et les églises cathédrales ont eu des chambriers ou camériers. C'étaient des officiers chargés de pourvoir aux besoins des communautés, ou qui s'occupaient de divers soins auprès des personnages auxquels ils étaient attachés.

LÉGENDE :

S'. RADVLFI . CAMERARII DE.... (*Nomen loci.*) (XIIIᵉ s.)

CAMERATUS (*Cameriat*). Office de camérier.

Ce mot se rencontre sur un sceau de 1419.

Légende :

✠ SIGILLVM OFFICII CAMERATVS COLLEGII CARDINALIVM
S . R . E . (*Bulletin de la Soc. de Sphrag.*)

CAMÉRIER (*V.* Camerarius).

CAPITULUM (*V.* Chapitre.)

CARDINAUX (*Cardinales*). Les plus hauts dignitaires de l'Église après le pape.

Dès le xiiᵉ et xiiiᵉ siècle, les cardinaux avaient des sceaux d'abord ronds, et ensuite ovales et en ogive. Dans l'origine, ils faisaient figurer les images des saints dont ils portaient les titres, et dans la suite leurs armes ou quelques symboles. Plus tard ils eurent un sceau secret. Ils scellaient en cire rouge.

Légende :

✠ SIG. N.... CARD'. TITVLI, SCI ou SCE N.... (*Nomen sancti.*)

CARMELITÆ (*Carmes*). (*V.* ce mot.)

CARMES (*Carmelitæ*). Religieux qui rapportaient leur origine au prophète Élie. Ils avaient une robe et un scapulaire de couleur brune avec une chape blanche.

Ces religieux, qui longtemps auparavant vivaient séparément dans les solitudes du mont Carmel, se réunirent du temps d'Alexandre III, ensuite sous l'autorité d'Innocent III.

Albert, patriarche de Jérusalem, vers l'an 1295, leur donna une règle tirée pour la plupart de la règle de saint Basile. Elle fut approuvée par Honorius III, et puis mitigée par Innocent IV. Les Carmes commencèrent de s'établir en France vers l'an 1264.

Légendes :

INSTITVTIO . ORD . CARMELITARVM. En lettres cap. romaines, disposées en deux lignes, au milieu du champ, sur un sceau ovale des Carmes de Semur. (*Sine Muro.*) — Au-dessus de la légende est représentée la Vierge au milieu de nuées, accostée du soleil et de la lune. (xviie s.)

✠ S . CONVENTVS FR̄M DE CARMEL' POMTAVD'. En lettres cap. romaines et gothiques, sur un sceau du xiiie siècle des Carmes de Pont-Audemer; — forme orbiculaire. — Dans le champ sont des pensées et un oiseau perché sur une des tiges. (*Sceau-matrice du cabinet de M. A. Canel, de Pont-Audemer.*)

CARTULAIRE (*Cartularium, Chartularium*). Recueil de chartes d'une même maison, disposées suivant l'ordre chronologique ou autrement.

Les églises et les monastères, qui comprirent l'utilité de ces recueils, en firent dresser à l'envi. Les plus anciens remontent au milieu du xe siècle. Ils furent en vigueur au xiie, et se continuèrent dans les siècles suivants.

Il y a des Cartulaires qui sont composés de titres originaux, et ce sont les plus rares, et d'autres qui ne renferment que des copies authentiques de ces mêmes titres. Ces derniers, quoique plus communs, sont d'un grand secours pour le sigillographe, qui, mieux qu'auprès de chartes originales, souvent privées de leurs sceaux, trouve dans ces copies de curieux renseignements au profit de la sphragistique, du blason et de l'histoire.

Car il est bon de savoir que les copistes chargés de ces recueils, ne pouvant joindre à leurs transcriptions les sceaux des originaux, les décrivaient avec assez de soin, afin de montrer qu'ils avaient vu, plus ou moins *sains et entiers*, ces vénérables témoins de l'authenticité des titres. C'est dans les Cartulaires du xive et xve siècle surtout que nous avons remarqué ce soin des copistes. C'est ainsi qu'au bas d'une charte transcrite mot à mot dans le Cartulaire du chapitre d'Évreux, coté 20, tit° *Garencières*, on lit ces détails de sphragistique, dont on comprendra tout l'intérêt :

« *Scellée en double queue et cire blanche ou estoit figuré ij fleurs de lis et six coquilles de saint Jacques, le tout sain et entier, et estoit escript au dos* (de la charte) : « *Carta Rogeri* « *Bataille, super decimis de Garenceriis* - Anno « M. CCXVIII (1218). »

A la suite d'une autre transcription d'une charte de Robert, sire d'Ivry, même Cartulaire, tit° *Jumelles*, le copiste a eu soin de donner cette précieuse description du sceau de ce seigneur :

« *Scellée en las de fil ouvré à l'eschiquier, et cire blanche, d'un grant seel où est figurey vng homme d'armes à cheval l'espée ou poing, l'escu à trois chevrons pendu à son col, le tout sain et entier, en seel et escripture, et estoit escript au dos* (de la charte originale) : « *Lictere Domini* « *de Ibreyo super decimis et jure patronatûs de* « *Jumellis* - A° M.CCXXXIX (1239). »

Et ailleurs l'on trouve le même sceau avec son contre-scel ainsi décrit :

« ..... *Et ou contre-scel pareil escu et armes à trois chevrons, le tout sain et entier*, etc.»

Ce que l'on rencontre rarement dans ces descriptions de sceaux, c'est la reproduction de la légende.

CAUSAS (*Causes*). (*V.* Ad Causas.)

CAUSES (*Causæ*). *Scel aux causes*, grand ou petit, *du bailliage* ou *de la vicomté*. C'est le sceau particulier à ces juridictions et dont se servaient les baillis et les vicomtes pour authentiquer les actes et les décisions de leur ressort, comme cela se voit par des titres des XIVe, XVe et XVIe siècles, où se rencontrent ces formules : « *En tesmoing de ce nous avons scellées ces présentes du grant scel aux causes de ladite viconté, 1395.* » — « *Donné soubz le petit scel aux causes de ladite vicomté, 1422.* » — « *Avons mis à ces lettres le grant scel aux causes dudit bailliage, 1401*, etc. »

CHAMBRE (Scel de) (*Cameræ sigillum*). Les archevêques et les évêques se sont plus particulièrement servis de cette expression pour désigner leur sceau personnel, celui de leur maison, et non celui de leur évêché (*episcopatus*).

Dans plusieurs quittances délivrées par des évêques d'Évreux dans les années 1454, 1457, 1458 et 1461, nous trouvons cette formule finale : « *Scellé de nostre scel de chambre,* » toutes scellées en cire rouge. « *Camera* se prend aussi dans le sens de *curia, palatium, et officina monetaria principis.*» (*V.* du Cange.)

CHAMBRE DES COMPTES (*Camera computorum*).

Cour souveraine établie pour juger *souverainement* les affaires des finances, comme pour entendre, examiner, arrêter et clore tous les comptes des officiers comptables qui se trouvent dans son ressort.

Il y a eu en France huit chambres des comptes, outre celle de Paris *(Edit de mars 1583)* :

Blois, Bretagne, Dijon, Montpellier, Dauphiné, Provence, Normandie, Navarre.

Légende :

SIGILLVM REGIVM CAMERAE COMPVTORVM NORMANNIAE. Sur le sceau de la Chambre des Comptes de Normandie, chargé de l'écu de France couronné; — sceau ovale plaqué entre deux papiers sur un titre de 1724.

3.

CHANCELLERIE (*Cancellaria*). Lieu où l'on expédie les affaires qui regardent les sceaux. Il y a eu en France deux sortes de chancelleries : la grande et la petite. La grande était celle où s'expédiaient les lettres scellées du *grand sceau* en présence de M. le chancelier garde des sceaux, assisté de quelques maîtres des requêtes et de quelques autres officiers royaux. A la petite chancellerie, on n'expédiait que des lettres de justice qui n'avaient pas une si grande importance.

Il y avait une petite chancellerie dans chaque parlement. Elles n'y furent établies qu'à la fin du xve siècle. On ne scellait dans ces chancelleries particulières qu'avec un petit sceau portant les armes de France.

La chancellerie de Normandie, après la conquête de cette province par Philippe Auguste, ajouta une fleur de lis aux armes de ses anciens ducs.

Charles V, régent du royaume, ayant uni la Normandie à la couronne, cette province n'eut plus de chancelier ni de *grand sceau*.

Mais Louis XII, ayant érigé, en 1499, l'Échiquier de Normandie en chambre souveraine (parlement) sédentaire à Rouen, lui donna un sceau.

Les autres cours souveraines des provinces eurent leurs sceaux particuliers avant l'extinction des grands fiefs. (D. DE VAINES.)

Pour les chancelleries des cours subalternes, *V.* PRÉSIDIAL, BAILLIAGE, SÉNÉCHAUSSÉES, VIDAMES, COURS D'OFFICIALITÉ et toutes les juridictions ecclésiastiques, etc.

A la suite du traité de Senlis (1476), ratifié par les états de Bretagne, nous lisons :

« ... *Et d'abondant ont (les prélats, barons, bannerets, chevaliers, écuyers, bacheliers... faisants et représentants lesd. Estats) très-humblement supplié au Duc nostre souverain seigneur que son bon plaisir soit y faire apposer et adjouster* le sceau de la Chancelerie, *pour plus grande robour et fermeté. Ce fut fait à Rédon, lesd. Estats tenants en la grande salle de l'Abbaye dud. lieu (23 août 1476).* »

Dans les comptes d'Olivier le Roux (1457), trésorier receveur général sous le duc Artur III de Bretagne :

« *Pour un sceau d'argent de la Chancelerie, pour sceller en lacs de soie et cire verd,* II *marcs* VI *onces* 2 gros, *à* VII *livres le marc.* » (V. *Histoire de Bretagne,* Preuves, par D. LOBINEAU, col. 1204, 18e livr.).

CHANGEMENT DE SCEAU. Quand un particulier avait fait ou devait faire usage d'un sceau différent de celui dont il usait présentement, il avait soin d'en donner avis, afin qu'on ne taxât pas de fausseté les actes qui en étaient ou en seraient revêtus, témoin le passage de cette charte :

« *Ego Johannes Dominus Dolensis, cum Noga, matre mea, presente etiam et concedente comite Stephano nepote nostro, donavi Ecclesie et monachis Veteris Ville totam vineam nostram que est juxta domum leprosorum Dolensium; quam donationem memorandam decrevi, ne aliqua in futurum de* sigilli mei *immutatione calumpnia contra monachos oriretur; habui enim aliud* sigillum *majoris ponderis et figure alterius primo militiæ meæ, tempore quando donatio de foresta de Borgoth facta est; nunc vero, postquam de Jerusalem redivi, quando hæc donatio de vineis facta fuit, et ponderis et figure alterius sigillum habebam. Hæc donatio facta est in Capitulo abbatie, teste Stephano Comite, Reunbaut, Hamone Spina, presente Roberto Abbate.* » (V. *Histoire de Bretagne,* Preuves, col. 341 , par D. LOBINEAU.)

CHAPELAIN (*Capellanus*). Titre donné à un

ecclésiastique desservant d'une chapelle. L'évêque d'Evreux avait un chapelain attaché au service de sa chapelle, et qui prenait sur son sceau cette légende :

✠ S . R(eginaldi) DE ESSEIO CAP(ellani) DNI EPI EBR(oicensis). — Titre de 1275.

CHAPITRE (*Capitulum*). Bien qu'on ait désigné par ce nom certains couvents de religieux, on entend généralement par chapitre un corps de chanoines établis auprès d'une église cathédrale ou d'une autre église, qui prend alors le titre de collégiale.

Les chanoines se distinguaient autrefois en réguliers et en séculiers.

Les chanoines avaient leur grand et petit sceau. Le chef de leur communauté prenait le titre de doyen (*Decanus*).

LÉGENDES :

✠ S* CAP(ituli) B. (Beatæ) M. (Mariæ) de.... (*Nomen loci.*)

S' CAPITVLI BEATI, ou SANCTI, ou SANCTE. N.... de.... (*Nomen loci.*) — Dans le centre, représentation de la Vierge, assise ou debout, avec ou sans croissant, avec ou sans le monogramme de A . M . (*Ave, Maria*), ou M . A . pour *Marie*, divisé en deux parties.

Les monastères avaient aussi des sceaux pour les actes délibérés en chapitre.

<small>LÉGENDES :</small>

✠ S' CAPĪTLI. Suivi du nom du saint patron de l'abbaye, ou du nom du lieu adjectivement exprimé, témoin le sceau suivant :

S' CAPĪTLI SCĪ TAVRINI EBROIC' EPĪ PRIMI.

Les sceaux des chapitres prirent différentes formules pour leurs légendes.

<small>EXEMPLES :</small>

✠ S . CAPITVLI . SEDIS . CARCASSONE. Forme ovale. — Dans le champ, deux personnes assises : celle de droite est coiffée et semble faire la leçon; la lettre N est au-dessus de sa tête. Celle de gauche, qui paraît plus jeune, tient un livre ouvert, et au-dessus de sa tête est un C. Ce sceau était fixé à un acte de 1248. (V. *Histoire du Languedoc*, par D. VAISSETTE, et PL. XIV ci-contre.)

✠ S . MAGALONENSIS . CAPITVLI. Sceau ovale. — Un dextrochère tenant deux clefs adossées, surmontées d'une croix. Pendant à un acte de 1292. (V. *Hist. du Lang.*, par le même.)

✠ SIGILL . CAPITVLI . NEMAVS . SEDIS. Ovale. — La Vierge assise, tenant l'Enfant Jésus sur ses genoux. Pendant à un titre de 1269. (V. *ibid.*)

CHARTE (*Carta*). Terme générique qui, au moyen âge, a servi à désigner toute espèce d'actes.

Toutes chartes sont authentiquées par des signatures, par des croix ou par des sceaux.

Avant que les sceaux fussent reconnus nécessaires pour donner autorité à un acte public, les intéressés se contentaient de tracer une croix devant leur nom et d'y appeler un nombre de témoins. Au XIIe siècle, les sceaux ont suppléé au seing, ou croix, ou signature cruciforme, et ce ne fut qu'au XVIe que la signature en toutes lettres fut exigée rigoureusement pour donner la sanction aux actes. (*Ordonn. de Henri II, 1554.* — *Etats d'Orléans, 1560*).

CHARTREUX (*Carthusiani*). Religieux institués par saint Bruno en 1086, et ainsi appelés à cause d'un lieu en Dauphiné où ils ont premièrement été établis par Hugues, évêque de Grenoble;

Et l'on nomma Chartreuse (*monasterium Carthusianorum* ou *Carthusianarum*) le couvent de ces religieux ou religieuses.

La grande Chartreuse est auprès de Grenoble.

Nous lisons sur un sceau rond de la grande Chartreuse, représentant les instruments de la Passion, cette légende :

✠ S. ROTVNDV DOMVS MAIORIS CARTVSIE. 1623-

Et sur un autre, également orbiculaire et présentant les mêmes attributs, celle-ci :

✚ S. MEDIVM ✦ MAIORIS ✦ DOMVS ✦ CARTVSIÆ ✦ MDCXVII.

Tous les deux pendants et plaqués entre deux papiers de forme demi-ronde et découpés en feston, attachés de rubans de soie rose.

Ces deux sceaux servent à authentiquer deux actes en parchemin d'association de prières entre les Chartreux de Gaillon et les religieuses hospitalières de Saint - Jacques d'Andely (Eure).

La formule de cancellation sur l'un est : « *Scellé du sceau de l'ordre, ce 14 mai 1724* »; c'est celui qui porte la date de 1623;

Et sur l'autre, aussi en parchemin, on lit : « *Donné en Chartreuse, le 10 mai 1746* ».

Costume. Ils sont vêtus de blanc, avec une chape noire qui couvre l'habit blanc.

CHASTELLENIE, CHASTELLERIE (*Castellania*). Nous lisons au bas d'une charte de 1423, cette mention de sceau de Châtellenie :

« *En tesmoing de ce, nous avons scellé ces*

lettres des sceaulx qui n'agaires ont eu cours en lad. chastellerie de Dreux, en l'absence des sceaux du roy, nostre sire, l'an mil iiij^c xxiij.» (Cartulaire en pap. du Chap. d'Evreux, coté 19, tit° *Sci Nicholai Ebr.*)

LÉGENDE :

SEEL DES OBLIGATIONS DE LA CHASTELLERIE de....
(*V.* OBLIGATIONS.)

CHATELET (le). *(Castelletum, Castellana Parisiorum Curia).* Ancienne juridiction royale, la première et la plus considérable de France. Le sceau du Grand-Châtelet de Paris était quelquefois employé par nos rois en l'absence du sceau royal, comme le témoigne ce passage d'un titre de 1357 :

« *Et pour que ce soit ferme chose et stable à tousjours* (dit Charles, duc de Normandie, fils du roi Jean), *nous avons fait sceller ces présentes lettres du seel du Chastelet de Paris, en l'absence du grand seel de notre dit seigneur. Donné à Chasteau-Gaillart, l'an de grâce* M. CCC. LVII, *au mois de juillet.* » (*Hist. de Paris,* FELIBIEN et D. LOBINEAU, Preuves, t. II, p. 274.)

CHAUFFE-CIRE (*Calefactor ceræ*). Officier

de chancellerie qui amollit, prépare la cire
pour la rendre propre à sceller.

CHEVALIER (*Miles*). Les chevaliers de
grande noblesse avaient des sceaux équestres;
mais ces sceaux n'étant pas commodes pour
l'usage ordinaire, à cause de leur grandeur,
on en fit de plus petits dès le XIIᵉ siècle. Ils
ne représentaient que les armes du chevalier
surmontées d'un casque avec cimier. Ces
sceaux chevaleresques se multiplièrent au
XIIIᵉ siècle; et, dès le milieu du XIVᵉ, ils furent
presque les seuls dont se servirent les chevaliers. Quelques maisons illustres retinrent
pourtant les grands sceaux équestres jusqu'à
la fin du XVᵉ siècle.

Les nobles, avant qu'ils fussent majeurs et
créés chevaliers, n'avaient point le droit de
sceau, *jus sigilli*, dans certaines provinces,
comme le prouve cet extrait de charte donné
par du Cange :

« ... *Et quia ad huc miles non eram, et
proprium sigillum non habebam, quando hanc
concessionem fecimus, autoritate sigilli domini
patris mei cartam istam sigillavimus.* »

Et cet autre, d'une charte de Hugues IV,

duc de Bourgogne, de l'an 1228 : « *Juravi dictis divionensibus, quod quando ad militiam promotus fuero, eis presentes litteras innovabo, et ex sigillo, quo miles utar, sigillabo et tradam sigillatas.* »

La qualité de *Miles* ne se montre que vers le milieu du XIIe siècle et le commencement du XIIIe.

LÉGENDES :

✠ S' N.... MIL(ITIS).

✠ SEEL (DE) N.... CHR (*Chevalier*).

✠ SIGILL' N.... DE N.... MILITIS.

CHEVALIERS DE MALTE (*Milites Melitenses*). (*V.* CHEVALIERS DE SAINT-JEAN DE JÉRUSALEM.)

CHEVALIERS RELIGIEUX. Les ordres des chevaliers religieux ont eu des sceaux dès leur origine. (*V.* CHEVALIERS DU TEMPLE, DE SAINT-JEAN DE JÉRUSALEM, OU DE MALTE.

CHEVALIERS DU TEMPLE (*Milites Templi, Templarii, Milites Christi*). Chevaliers religieux institués à Jérusalem du temps de Baudouin III. Ils portaient un manteau blanc avec une croix rouge dessus, et reçurent leur règle de saint Bernard. Leur mission était d'empêcher que les Turcs ne fissent aucune insulte aux chrétiens qui allaient en pèlerinage à Jérusalem pour visiter le tombeau du Christ. Ils furent appelés *Templiers,* parce qu'ils demeuraient à Jérusalem auprès du *Temple.* On fixe donc l'établissement des *Templiers* à 1118, et ils ne subsistèrent que 184 ans. C'est en 1309 que cet ordre fut aboli. Leurs biens confisqués furent donnés aux hospitaliers connus sous le nom de Chevaliers de Malte.

Un sceau des Templiers, pendant à un acte de 1190, passe pour le plus ancien de cet ordre. On y voit deux cavaliers montés sur un seul cheval, comme emblème de la pauvreté de ces chevaliers.

Les sceaux de cet ordre étaient ou au nom du grand maître, ou au nom de la milice, comme le prouvent les légendes suivantes, relevées sur des sceaux ayant appartenu à ces religieux.

LÉGENDES :

✠ SIGILLVM MILITVM XPI (*Christi*).
✠ SIGILLVM MILITIE TEMPLI.
✠ MIL(ITIA TE)MPLI SAL(OMONIS).

✠ S'. TV(M)BE TEMPLI X̄P̄I.

✠ SIG' N.... MAḠRI (*Magistri*) MILITIE TEMPLI.

Cet ordre comptait dans son sein des grands maîtres et des précepteurs.

CHEVALIERS DE SAINT-JEAN DE JÉRU-SALEM ou DE MALTE.

Ordre militaire et hospitalier des plus célèbres. Etablis d'abord comme frères desservants de l'hôpital Saint-Jean-Baptiste, fondé à Jérusalem pour y recevoir les pèlerins malades, ils ne devinrent chevaliers que vers l'an 1110, époque où le bienheureux Gérard, leur premier grand maître, leur fit de sages règlements. Saladin, soudan d'Egypte, s'étant rendu maître de Jérusalem, obligea ces hospitaliers à quitter la Palestine et de se retirer dans l'île de Chypre. Ils s'emparèrent de Rhodes en 1310, d'où Soliman les expulsa en 1522. Les chevaliers de Rhodes, ainsi les appelait-on, se retirèrent en Candie, et puis en Sicile, et ensuite à Malte, que l'empereur Charles Quint leur donna en 1530.

Cet ordre était composé autrefois de huit langues ou nations, réduit plus tard à sept. Quoique composé de tant de nations, ce ne fut pourtant qu'un seul couvent divisé en plusieurs langues. Chaque langue contenait plusieurs provinces, et dans chaque province il y avait un grand prieur qui tenait de temps en temps le chapitre provincial. Comme il y avait à Malte des chevaliers, des chapelains et des frères servants, il y avait aussi des commanderies ou des revenus affectés à ces trois différentes qualités.

Les trois premières langues appartenaient à la France :

1º Celle de Provence, dont le chef était appelé grand commendataire de la religion, et qui comprenait les grands prieurés de Saint-Gilles et de Toulouse;

2º Celle d'Auvergne, qui avait pour chef le grand maréchal de l'ordre, avec le grand prieuré d'Auvergne;

3º La France, dont le chef est grand hospitalier de l'ordre. On y comptait les grands prieurés de France, d'Aquitaine et de Champagne.

Il y avait, entre les chevaliers, les grands-croix, qui seuls pouvaient aspirer à la dignité de grand maître.

Les hospitaliers de Saint-Jean de Jérusalem

avaient une robe noire avec une croix de toile blanche à huit pointes, ou *pattée,* en terme de blason.

Les frères servants, qui avaient soin de l'hôpital de Malte, portaient une croix un peu différente de celle des chevaliers nobles ; elle n'avait que trois branches au lieu de quatre.

Cet ordre avait un sceau qui était commun au grand maître et à son couvent. Ils scellaient en plomb, comme les papes et presque tous les barons et prélats du midi de la France.

Les Bénédictins ont produit une bulle de plomb de ces chevaliers, avec cette légende :

✠ BVLLA MAGISTRI ET CONVENTVS.

Et au revers : ✠ HOSPITALIS HIERVSALEM.

Elle représente d'un côté neuf prêtres ou chapelains agenouillés devant une croix patriarcale, au pied de laquelle une ʜ désignant l'église de Jérusalem, qui avait la forme de cette lettre ; de l'autre, le simulacre du saint sépulcre. Jésus-Christ, la tête ornée du nimbe crucifère, est couché dans un sarcophage en pierre de forme rectangulaire, une croix longue est fixée à son chevet ; de la voûte pend une lampe, et aux pieds du Christ on voit un encensoir qu'une main invisible balance dans l'espace comme un hommage mortuaire. (*Sigillographie du Maine*, par M. E. HUCHER.)

LÉGENDES :

✠ S¹. CŌVENTVS HOSPITALIS HR̄LEM (*Hierusalem*).

✠ SIGILLVM HOSPITALIS ST̄I JOHANNIS HIEROSOLIME FRANC (IE). Sur un sceau du xıvᵉ siècle ; — aigle éployée accostée de deux fleurs de lis ; — cire rouge.

✠ FRATER N.... CVSTOS CŌVETVS HOSPITALIS IHERLM.

CIRE (*Matière des sceaux*). Nos premiers rois ont emprunté des Romains l'usage des sceaux en cire. La cire fut toujours la matière la plus ordinaire des sceaux, tant des princes que des particuliers. A part les substances colorantes, cette cire des anciens, comme celle de la première moitié du moyen âge, devait contenir d'autres substances propres à la durcir ; car, au premier frottement, les sceaux de cette matière auraient été bien vite altérés : il importait trop au contraire qu'elle conservât intacte l'empreinte qu'elle avait reçue. Plus la cire des sceaux est sèche et friable, plus elle dénote l'antiquité : une cire onctueuse révèle des temps plus rapprochés de nous.

La cire à sceller (*cera signatoria*) a reçu des couleurs différentes pour être conforme à l'usage des chancelleries et au rang des personnes. (*V.* COULEURS.)

CIRE D'ESPAGNE. La cire connue aujourd'hui sous le nom de cire d'Espagne a été inventée, sous le règne de Louis XIII, par un sieur Rousseau. Cette cire à cacheter se compose de gomme laque, de poix-résine, de craie et de cinabre. On dit que l'inventeur, qui a fait une belle fortune avec cette cire, en avait connu la composition aux Indes orientales, où il avait voyagé.

La belle couleur rouge et la solidité de cette cire l'avaient fait rechercher de la cour et de la ville. Elle avait un avantage qu'on ne retrouve guère aujourd'hui : c'était de ne pas céder, comme nos cires actuelles, à un léger degré de chaleur. Elle pouvait résister à une assez forte pression et par là protéger l'empreinte des cachets qu'on y avait appliqués. La cire d'Espagne servait particulièrement à sceller les certificats, les lettres missives et beaucoup d'écritures privées.

CIRIER DE LA GRANDE CHANCELLERIE.
Officier chargé de faire faire la préparation
de la cire pour les sceaux du roi.

CLERC (*Clericus*). Un simple clerc n'avait
pas de sceau en 1228; mais, à la fin du XIIIe
siècle et au suivant, les sceaux des clercs devinrent communs, et furent souvent emblé-
matiques et d'une forme ovale.

Légendes :

✠ S' N.... CLICI (*Clerici*).

✠ S' WILL'(ELMI) CL(ER)ICI. DE LONGO CAMPO. Ovale; —
cire verte; — XIIIe s.; — capitales romaines et onciales; —
signe de fantaisie au centre. (*Archives de l'Eure.*)

COINS (*Cunei, Typi*). C'est ainsi qu'on désignait les sceaux, aux XIIIe et XIVe siècles, dans
certaines provinces. « *Coigné des coins dou
seignor.* » (BEAUMANOIR, chap. CC.)

COIN BULLAIRE. Sceau-matrice, gravé et
disposé comme le coin des monnaies et servant à frapper les sceaux métalliques nommés
bulles. Telles sont celles d'or, d'argent, d'étain
ou de plomb, dont quelques souverains et

chefs de l'Église jugeaient à propos de forti-
fier certains actes.

La plupart des édits des empereurs romains
étaient ainsi scellés.

Les papes au moyen âge ont particulièrement fait usage du *coin bullaire* pour sceller
en plomb leurs rescrits.

Ce mode de sigillation se reconnaît dans
les actes aux expressions suivantes : « *Subter
plumbum sigillari fecimus. — Presentes bullâ
aureâ nostrâ roboratas.— Bullæ nostræ plum-
beæ munimine roborari fecimus.—· Bullis nostris insigniri jussimus*, etc. »

COMES (*V.* Comte).

COMITATUS (*Comté*). Ce mot, servant à
désigner l'étendue de pays possédés par les
comtes, n'apparaît dans les titres qu'au IXᵉ
siècle et sur les sceaux qu'au XIIᵉ. (*V.* Comté.)

COMITISSA (*Comtesse*). (*V.* ce mot.)

COMMANDERIE (*Domus militiæ templi*).
Sorte de revenu bénéficial qui appartenait à
l'ordre de Saint-Jean de Jérusalem, dit de
Malte ; il se donnait par rang d'ancienneté

aux chevaliers, qui prenaient en conséquence le nom de commandeurs. Les commanderies ont commencé vers l'an 1260. (*V.* Chevaliers de Saint-Jean de Jérusalem.)

COMMUNE (*Communia, Communio*). L'établissement des communes à la fin du xie siècle et sous le règne de Louis le Gros est la véritable époque des sceaux publics des villes.

La forme ronde est celle qu'ils affectent le plus ordinairement. Le champ contient des figures qui font allusion, soit au nom, soit au commerce ou à l'industrie des villes. On y voit les images, les blasons des princes auxquels elles obéissaient; des tours, des portes, et les saints patrons figurés en buste ou en pied; le maire entouré de ses échevins; la maison de ville, le château fort, etc.

Les villes ont eu aussi des contre-sceaux ou sceaux secrets. Heinneccius n'en fait remonter l'usage, pour celles-ci, qu'au xve siècle.

LÉGENDES :

✠ SIG' COMMVNIE de....

✠ SEEL DE LA COMMVNE DE.... (xive s.)

✠ S'. DEL COMMVNAL DE.... (1243.)

✠ SIG' COMMVNIONIS de....   (*V.* Sceaux de ville.)

COMMUNIA, COMMUNIO (*V.* Commune).

COMTE (*Comes*). Sous les derniers empereurs romains ce mot de *comte* était un titre d'honneur qu'on donnait aux gens de la suite du prince. Sous les rois de France de la première race, les comtes étaient des gouverneurs; mais ceux-ci, abusant de la faiblesse des derniers rois de la seconde race, s'emparèrent des provinces ou des villes qu'ils commandaient ainsi par commission; et dès lors ils ajoutèrent à leurs noms celui de leur comté. Ce n'est que depuis le IXe siècle, et surtout depuis l'hérédité des fiefs, que dans les actes on a distingué les lieux par *comtés, comitatus*.

Leurs sceaux étaient ronds et souvent équestres. Les comtes comme les ducs sont souvent revêtus, tantôt d'une cotte de mailles de fer en forme d'écailles, tantôt de cottes d'armes composées de crochets de fer entrelacés.

Les chevaux ne s'y montrent caparaçonnés qu'au XIIIe siècle.

Légende :

✠ Sꞌ. N.... COMITIS . DE . N....

COMTÉ (*Comitatus*). Terre d'un comte. Ce fut Charles le Chauve qui autorisa le premier par un capitulaire la succession des *comtés* dans les familles.

COMTESSE (*Comitissa*). La femme d'un comte, la dame d'une seigneurie qui a titre de comté. Avant le VIIIe siècle, le nom de *comitissa, comtesse*, ne se trouve point dans les titres, et on ne le rencontre sur les sceaux qu'au commencement du XIIIe siècle.

Les comtesses y sont représentées tantôt debout, ayant leurs écussons; ce sceau alors est ovale ou ogivale; tantôt assises sur un cheval, et le sceau est alors orbiculaire. Elles ont eu aussi des contre-sceaux portant leurs armoiries personnelles ou celles de leur comté.

LÉGENDES :

✠ S'. N.... COMITISSE N....

✠ SIGILL.... N.... CO(M)ITISSE.... N.... PALATINE.

✠ S'. N.... COMITISSE N.... ET N....

On lit sur quelques contre-sceaux de comtesses cette légende :

✠ SECRETVM MEVM MICHI.

COMTE PALATIN (*Comes Palatinus*). Dans le XIIe siècle, les comtes de Chartres, de Champagne, de Brie, de Blois, de Toulouse, de Flandre, s'intitulaient encore *Comtes Palatins*. Les empereurs, les rois d'Espagne et d'Angleterre ont aussi, comme les rois de France, leurs comtes palatins. Les comtes du palais sous la première et seconde race (*Comites palatii*) étaient les chefs de la justice. Ces titres de *comtes du palais* et celui de *comte palatin* devinrent une seule et même chose au XIe siècle.

Nous voyons encore ce titre conservé sur un sceau que Louis le Hutin, avant son avénement à la couronne, avait comme roi de Navarre, et dont la légende est ainsi conçue :

✠ LVDOVICVS REGIS FRANCIE PRIMOGENITVS DEI GRA, REX NAVARRE, ℞. — ✠ CAMPANIE BRIEQ(VE) COMES PALATINVS (1314). Sceau de Majesté avec son contre-scel équestre, l'un et l'autre de même grandeur.

CONCILE (*Concilium*). Les conciles n'ont eu des sceaux communs que dans les bas siècles, car auparavant chaque évêque apposait son sceau aux actes des conciles, comme le prouve celui de Château-Gontier, en 1336.

Le premier concile qui ait eu un sceau

commun est celui de Constance, commencé en 1414 et terminé en 1418.

Il avait pour légende ces mots :

✠ SIGILLVM SACROSANCTI CONCILII CIVITATIS CONSTAN-
TIENSIS. Dans le champ, les têtes de saint Pierre et de
saint Paul séparées par deux clefs posées en sautoir
(D. DE VAINES.)

CONFRÉRIE (*V.* SODALITAS).

CONGRÉGATION (*Congregatio, Sodalitas, Sodalitium*). Ce mot désigne un corps de religieux qui suivent une règle particulière ou quelques points particuliers et essentiels d'une règle. Il s'entend aussi de prêtres assemblés qui ne font aucun vœu : telle est la *Congrégation des prêtres de l'Oratoire.*

CONGRÉGATION (*Sodalitium beatæ Virginis*). Ce mot, parmi les Jésuites, signifiait une espèce de confrérie de plusieurs écoliers, de plusieurs artisans ou de plusieurs bourgeois qui s'assemblaient ordinairement tous les dimanches dans une chapelle, chez les Jésuites, et qui, toutes les fêtes de la Vierge et tous les mois, se confessaient au Père qui avait soin de cette congrégation.

M. de Wailly cite un sceau du chapitre de Sainte-Marie de Paris, de 1222, avec cette légende :

✠ CONGREGATIO S̄C̄E MARIE PARISIENSIS,

et dit que le chapitre de Paris se servait, en 1196, d'un autre sceau représentant aussi la sainte Vierge, avec la même légende; d'où l'on voit que le mot *congregatio* s'employait pour le mot *capitulum* dès la fin du XIIe siècle. (*Éléments de Paléogr.*)

CONNÉTABLIE (Sceau de la) (*Jurisdictio Galliæ marescallorum*), ou autrement la Table de marbre, juridiction qui connaît de la milice civile, politique, criminelle, et est exercée par le connétable des maréchaux de France.

Après la mort du maréchal doyen, il était d'usage que celui qui lui succédait fît graver un nouveau sceau avec l'écusson de ses armes, conformément au droit qui lui en été attribué par la déclaration de Charles IX, en date du 6 décembre 1568. C'est ce que confirme le titre suivant :

« *Louis-François-Armand Duplessis, duc de Richelieu et de Fronsac, pair et premier maré-*

*chal de France, chevalier des ordres du Roy,
connétable, premier gentilhomme de la chambre
de Sa Majesté, son lieutenant général, gouverneur de la haute et basse Guyenne;*

« *Le droit que nous avons de sceller du sceau
du connétable et de nos armes les sentences et
jugements qui sont rendus en notre siége général
de la connétablie et maréchaussée de France, à
la table de marbre du Palais, à Paris, étant
établi par plusieurs édits et déclarations des
rois prédécesseurs de Sa Majesté, et par la possession immémoriale dont ont toujours joui
MM. les connétables et le plus ancien maréchal
de France,*

« *Nous, attendu le décès de M. le maréchal
de Tonnère, arrivé le 16 mars 1781, et devenant, par sa mort et par celle de M. le maréchal de Balincourt, le plus ancien, avons estimé
qu'il était convenable d'en faire graver un nouveau avec l'écusson de nos armes; et, comme
nous avons lieu d'être satisfait de l'assiduité
avec laquelle le lieutenant général remplit les
fonctions de juge en notre siége de la connétablie, et de l'attention qu'il a de veiller à la conservation des droits de notre juridiction, à ces
causes, ordonnons que notred. sceau, gravé
à nos armes, lui sera envoyé et mis entre les*

mains, pour faire par lui les fonctions de notre garde-scel et jouir des droits et priviléges y appartenants, tels et semblables qu'en ont joui ou dû jouir les gardes-scel dud. siége. — Fait en notre hôtel, le 11 août suivant. Signé : *Le maréchal* DUC DE RICHELIEU. »

Le sceau de la connétablie représente, dans un champ de France semé de fleurs de lis, le connétable armé de toutes pièces, monté sur un cheval courant, le corps traversé d'une écharpe en baudrier, le casque en tête, surmonté d'une couronne ducale, qui, étant ouvert entièrement, à la mentonnière près, laisse voir le visage. Il tient l'épée nue de la main droite, élevée et armée d'un gantelet, la pointe en haut, le fourreau attaché à la place ordinaire, et de la main gauche un bouclier. Au bas de l'écusson, et sous le cheval, sont les armes du doyen, et autour du sceau on lit cette légende :

SCEAV DE LA CONNÉTABLIE ET MARECHAVSSÉE DE FRANCE,

avec la date de l'année.

CONSERVATION DES SCEAUX. Anciennement, quand on voulait conserver intacts les sceaux de chartes importantes, on envelop-

pait les *sceaux pendants* dans de la filasse,
puis on les cousait dans de petites pochettes,
soit de cuir, de parchemin ou de toile. Nous
en avons vu beaucoup ainsi renfermés, mais
qui n'en étaient pas moins brisés ; un choc un
peu violent, une pression un peu forte rendaient nuls ces préservatifs. Dans le xve siècle
et les suivants on fit mieux, et que n'a-t-on
commencé plus tôt ! on renferma les sceaux
de certains titres dans des boîtes de fer-blanc
ayant une échancrure pour les lacs ou rubans ; c'est ainsi surtout que furent emboîtés
les sceaux des diplômes des universités. Un
autre moyen de conservation sans doute a
fait imaginer dans le même temps les sceaux
plaqués entre deux papiers, dont les notaires,
les communautés religieuses et l'université
de Paris même ont fait un grand usage. Cette
dernière donnait ainsi, par le moyen de la
cire mise entre deux papiers, son scel et
contre-scel pendant à ses diplômes. Ce pro-
cédé de sigillation pouvait paraître commode
et économique pour ceux qui l'employaient,
mais les empreintes n'y gagnèrent pas pour
la pureté des reliefs.

CONSUL (*Consul*). Ce mot, employé pour

échevin, n'eut guère cours en ce sens que dans la Provence et le Languedoc.

Légendes :

✠ S. CONSVLVM. CASTRI. NOVI. (*Castelnaudary.*) Cavalier armé; — même légende au contre-sceau, représentant un château fort; — forme ronde; — les deux types d'égale grandeur.

SIGILLVM DVODECIM CONSVLVM MONTISPESSVLANI. (*Montpellier.*) Sceau rond représentant une ville fortifiée, et pour contre-scel la Vierge assise, tenant l'Enfant Jésus sur ses genoux, dans une chaise gothique à pinacles, accostée des initiales A. M. L'écusson armorié de la ville sous le pied gauche de la Vierge. La légende de ce contre-scel est :

VIRGO MATER NATVM ORA VT NOS IVVET OMNI HORA. Le sceau et le contre-sceau sont entourés d'une couronne de laurier (1218).

✠ SIGILLVM. PACIS. CONSVLVM. CIVITATIS. NARBONE. Grand sceau rond; — Vierge assise, l'Enfant Jésus sur ses genoux, tenant une fleur de lis de la main droite, et pour contre-scel :

AGNVS. DEI. QVI. TOLLIS. PECCATA. MVNDI. DONA. NOBIS PACEM. Au centre, l'*Agnus Dei* (1217.)

SIGILLVM. CONSVLVM. CIVITATIS. NEMAVS. (*Nîmes.*) Grand sceau rond représentant quatre personnages debout (1296). (PL. XIII.) (*V.* Sceaux de ville.)

CONTRE-SCEL ou CONTRE-SCEAU (*Contrasigillum, Contrasignetum, parvum Signetum*). Empreinte faite au revers du sceau principal. Le contre-scel peut être d'une grandeur égale au sceau principal; mais on rencontrera plus communément des contre-scels plus petits que les sceaux derrière lesquels ils sont fixés.

Les contre-sceaux contiennent aussi, comme les sceaux, des figures, des emblèmes, des armoiries et des légendes. Leur usage ne date que du xi⁰ siècle, en France.

Ainsi tout revers de sceau, quelle que soit sa grandeur, est désigné sous le nom de contre-scel.

Les sceaux de cire de la première et deuxième race de nos rois n'offrent point de contre-scel.

Il y a des contre-scels ronds appliqués sur des sceaux ovales ou en ogive, et *vice versa*.

Le mot *contrasigillum*, plus ou moins abrégé, commence ordinairement la légende du contre-scel ou la compose entièrement.

Il y a cependant des contre-sceaux sans inscription.

Quelquefois le contre-scel contient la suite de la légende commencée sur le sceau principal, ou bien il la répète.

Un contre-sceau qui porte l'expression *sigillum minus*, ou simplement *sigillum*, c'est l'indice que le contre-scel est plus petit que le sceau.   .

Que les sceaux pendants soient plaqués ou non, les contre-scels peuvent être d'une grandeur égale.

Le contre-scel n'est quelquefois que le sceau principal en petit (*sigillum minus*).

Les contre-scels des ecclésiastiques se montrent dès le XIIe siècle.

On a quelquefois scellé avec le contre-scel seul. Charles VI déclara (*Ordonn.*, t. VIII, p. 594) que ses lettres patentes ou tous autres actes scellés de son sceau secret auraient autant de force que s'ils étaient scellés de son grand sceau.

Combien de fois ne trouve-t-on pas d'actes scellés du petit scel ou contre-scel, en l'absence du grand scel?

Quelquefois le sceau et le contre-sceau sont dans des conditions telles qu'on ne sait le quel est le sceau principal, comme lorsqu'on appliquait un contre-scel au revers d'un autre contre-scel.

Les hauts seigneurs firent usage aussi des petits sceaux, surtout aux XIIIe et XIVe siècles.

Tous ces petits sceaux, employés séparément par les seigneurs ou les évêques, à mesure qu'ils cessèrent de se faire représenter sur leurs grands sceaux, n'en devinrent pas moins authentiques. Et si cet usage prit naissance dès le XIIIe siècle, il ne devint guère général avant le XVe siècle; et ce fut alors que les sceaux ne présentèrent plus que des armoiries.

Il n'y a que les sceaux de cire ou les sceaux plaqués pendants dont le revers, s'il porte une empreinte, puisse être dit contre-scel; car le revers des sceaux de métal, généralement frappé des deux côtés, n'est jamais désigné comme contre-scel.

Pour faciliter la lecture des légendes des contre-sceaux, nous donnons ici les formules les plus usitées : quand elles ne sont pas la suite ou la répétition de la légende du sceau principal, elles se formulent ainsi :

Contrasigillum. — Contrasigillum ballivie episcopi de...— Contrasigillum de...—Contrasigillum vicecomitatus de...— Contre-scel de la vicomté de...— Contrasigillum ad causas.

— Contrasigillum curie de... — Contrasigillum ad obligationes ou *obligationum de...— Clavis sigilli. — Custos sigilli. — Annulare secretum. — Annuntio secreta. — Secretum.— Secretum est.— Secretum meum. — Secretum veri. — Secretum colas. — Secretum serva. — Secreti custos.— Secreti sepulcra. — Sigillum verum* ou *veri.— Sigillum minus. — Sigillum contrasigilli. — Sigillum veritatis.— Sigillum secreti mei. — Sit secretum. — Testimonium veri. — Sub meo scuto est meum secretum.*

Il est d'autres légendes qu'on trouve plus particulièrement dans les contre-sceaux ecclésiastiques; telles sont :

Agnus Dei, miserere mei.—Ave, Maria, gracia plena. — Bonum est confitere Domino. — Signum Dei vivi. — Deus in adiutorium meum intende. — Deum timeo nec non. — Deum time. —Fugite partes adverse. — Mater Dei, memento mei. — Mater Dei, miserere mei. — Miserere mei, Deus, etc.

CORDELIERS (*V.* FRÈRES MINEURS).

CORPS DE MÉTIERS. Il est prouvé que chaque corps de métier avait un sceau com-

mun, représentant le symbole le plus signifi-
catif de la profession.

« En Flandre et dans le nord de la France,
les corps de métiers avaient des sceaux où
l'on voit figurer les instruments de leur profession, et il est permis de penser que l'u-
sage de sceller, universellement répandu au
XIVe siècle, s'étendit aux individus même des
nombreuses corporations d'arts et de métiers
qui couvraient alors le sol de la France. »
(E. HUCHER, *Sigillographie du Maine.*) *(V. AR-
TISANS.)*

COULEURS DES SCEAUX DE CIRE. La
cire des sceaux est ou blanche, ou jaune, ou
rouge, ou verte, ou bleue, ou noire, ou composée.

CIRE BLANCHE. La plupart des sceaux de nos
rois mérovingiens, carlovingiens et des premiers capétiens sont en cire blanche, quoique
par vétusté ils paraissent bruns.

Par un statut de Henri III, roi de France,
les sceaux de cire blanche sont affectés à
l'ordre militaire du Saint-Esprit.

Les lettres royaux qui contiennent des con-
cessions pour un temps étaient scellées en
cire blanche.

CIRE JAUNE. La cire jaune ou naturelle n'a pas été employée au delà du XIIᵉ siècle. Les rois, princes, prélats, seigneurs et communautés s'en servirent ou s'en servaient encore au XVIIIᵉ siècle pour les lettres de justice et les expéditions les plus ordinaires de la petite chancellerie.

CIRE ROUGE. La cire rouge, en raison de son éclat, a été aussi adoptée par les souverains. Guillaume le Roux, d'Angleterre, scellait en cette couleur. Les empereurs d'Allemagne et de Constantinople scellaient aussi en cire rouge.

Les sceaux des rois de France de la première et deuxième race offrent assez fréquemment une cire rougeâtre, plus ou moins pâle, plus ou moins brune.

Les évêques, les abbés, les communautés, les clercs et les seigneurs se servirent également de la cire rouge, surtout dans les jugements.

Les sceaux de cire rouge antérieurs au XIIᵉ siècle seraient suspects.

Au XVIIᵉ siècle on réservait la cire rouge pour les affaires qui concernaient la Provence, le Dauphiné et les autres pays non réunis à la couronne.

Les papes s'en servent depuis plusieurs siècles pour sceller leurs brefs de l'anneau du pêcheur.

Beaucoup de chevaliers du xive siècle scellaient en cire rouge, comme en font foi plusieurs quittances délivrées au trésorier des guerres, par des chevaliers bannerets et autres, de 1351-1352-1366..., où nous lisons : « *Scellé en cire rouge.* » (*Histoire de Bretagne*, Preuves, par D. LOBINEAU, col. 493-494-495-496.)

CIRE VERTE. Les empereurs et les patriarches d'Orient scellaient en cire verte les lettres qu'ils écrivaient à certaines personnes. En France, cet usage ne semble pas remonter au delà du xiie siècle.

Les sceaux de cette couleur, sous les deux premières races et le commencement de la troisième, seraient faux. Philippe Auguste paraît être le premier de nos rois qui se soit servi de cire verte. Ses successeurs l'ont employée, mais non pas toujours. Elle devint d'un usage fréquent sous Charles V. Depuis le milieu du xive sièle elle fut réservée et destinée pour les lettres qui doivent durer à perpétuité; pour les grâces, comme priviléges, anoblissements, etc., et pour les édits.

Les évêques, les grands seigneurs, les abbés, les dames nobles même scellèrent en cire verte.

CIRE BLEUE. On ne connaît qu'un seul exemple qui prouve que cette couleur ait été donnée aux sceaux, et encore il ne regarde que l'Allemagne : c'est quand Charles Quint accorda, en 1524, à un docteur de Nuremberg le privilége de sceller en cire bleue.

CIRE NOIRE. L'ordre de Malte fit souvent usage de cette couleur; et, en France, on citait les archives de Molesme comme présentant un sceau en cire noire de 1274.

COULEUR COMPOSÉE. Les sceaux composés de cires de diverses couleurs sont plus communs. Les sceaux des empereurs carlovingiens ont quelquefois un cercle, ou la bordure de l'empreinte est différente du fond. Quelquefois encore le sceau est d'une couleur et le contre-scel d'une autre, ou bien une portion de cire verte ou rouge est mêlée avec de la cire blanche.

« En chancellerie, dit de la Roque, la couleur verte était destinée pour les grâces ;

« La blanche, pour les ordres militaires ;

« La jaune, pour les affaires et les expéditions les plus ordinaires,

« Et la rouge, pour les choses qui concernent la Provence, le Dauphiné et autres pays non réunis à la couronne. » (*Traité de la Noblesse.*)

CRAIE (*Matière des sceaux*). La craie est regardée comme la plus ancienne matière qui ait reçu l'empreinte des anneaux. Les Romains, à l'imitation des peuples d'Asie, s'approprièrent cette matière. Si, au temps du huitième concile général, certaine terre molle, comme la terre glaise, était encore la matière de sceaux, nous ne voyons pas que le moyen âge ait fait usage de la craie ou tout autre matière approchante pour sceller.

CURÉ (*Presbyter, Curatus, Rector, Sacerdos*). Les curés ne paraissent pas avoir eu de sceaux propres avant le XIIIᵉ siècle. Le sixième canon du concile de Coignac, tenu en 1238, porte en titre : « *Ut quilibet sacerdos habeat suum sigillum.*» Les sceaux des curés (nom qui ne devient commun dans les actes et sur les sceaux qu'aux XIVe et XVe siècles) les représentent souvent en habits sacerdotaux, ou donnent l'image de leur patron ou celui de leur église.

Nous lisons dans les *Statuts synodaux* de Jean Brun, évêque de Treguier (Bretagne) :

« *Johannes*, etc., *sub excommunicationis pœna mandamus omnibus Curatis nostre Diocesis, ut infra mensem habeant sigillum proprium in quo continebitur nomen sue parochie, cum differentia speciali ab aliis, ad excutionem faciendam. Dat. in plena synodo nostra, an°* M CCC LXXIV (1374). » (*Histoire de Bretagne,* par D. Lobineau, col. 1609 du XXIIe liv.)

Légendes :

✠ S' N.... *Curati beati N....* ou *Beale N....*
✠ S' N.... P̄BRI. avec ou sans nom de lieu.
✠ S' RIC'DI (Ricardi) : SACERDOTIS DE.... (XIVe s.)
✠ S' VINCENTII RECTOR' DE COLETO (*id.*)

Forme ronde, ovale et ogivale.

CUSTOS SIGILLI *(Garde-scel)*. Officier royal ou seigneurial qui avait la garde du sceau, et était chargé, suivant les devoirs de sa charge, de sceller et d'authentiquer les actes de certaines juridictions. (*V*. GARDE-SCEL.)

———

D

DAME (*Domina*). Au VIe siècle, les dames françaises avaient des anneaux à sceller.

Les dames du premier rang n'ont eu de grands sceaux que vers le commencement du XIIe siècle.

Les sceaux des impératrices et des reines sont peu communs.

Les sceaux des duchesses, comtesses et autres se rencontrent plus souvent.

Les unes sont représentées debout, et c'est le plus grand nombre, les autres sont assises à cheval, quelques autres sont assises sur des siéges plus ou moins ornés.

La plupart des sceaux représentent les dames, dans quelque situation qu'elles soient, portant à la main un oiseau, une fleur de lis ou quelque autre symbole.

Ils affectent la forme ogivale pour les dames debout, et la forme ronde lorsqu'elles sont à cheval ou assises.

Dès 1206, les dames prenaient le surnom de leur mari.

LÉGENDES :

✠ S. DOMINE ou DNE DE FAIO. Ovale (xiiie s.)

✠ S' ALICIE VXORIS VITALIS (xiiie s.)

✠ SIGILL' N.... FILIE ROBTI (Roberti) (xiiie s.)

✠ S' EMME DE NOVA VILLA (xiiie s.). La charte lui donne le titre de *Domina*. — Sceau rond.

✠ S' HELOIS DE VLMIS (1208). La charte dit *Filia Mauricii, militis.* — Sceau rond.

✠ S' ADE DOMINE DES PLANCHES (1231).

DAMOISEL, DEMIZIEL, DONZEL, DAMOISEAU (*Domicellus*). On trouve l'emploi de cette qualité dès 1078.

Ce titre se donnait généralement aux jeunes adolescents de maison noble.

Les fils de chevaliers furent appelés *damoisels*, et dans quelques provinces on donna ce nom aux écuyers. Ce titre d'honneur devint réel, et fut donné aux possesseurs de certains fiefs.

4

LÉGENDES :

✠ S' N.... DOMICELLI . DE . N....

✠ SEEL N.... DE N.... DEMISIEL de....

DAMOISELLE (*Domicella*). Titre donné aux femmes de haute qualité ; — fille d'une maison noble ; — fréquent du XIIIe au XIVe siècle.

LÉGENDES :

✠ S' DAMOISELE N.... Signe capricieux au centre. Sceau rond ou ovale.

✠ S' DAMOISELE ADE. Sceau rond (1265).

DATES SUR LES SCEAUX. On connaît peu de sceaux datés antérieurs au XVe siècle.

Les *Éléments de Paléographie* de M. Nat. de Wailly nous font connaître un contre-sceau de 1222, qui porte dans son champ cette date ainsi disposée :

$$: \overset{o}{M} :$$
$$: C \overset{o}{} C :$$
$$X X I I \overset{o}{}$$
$$\cdot * \cdot$$

(*V.* SCEAUX DATÉS.)

DECANUS. (*V.* DOYEN.)

DECANATUS. (*V.* DOYENNÉ.)

DEI GRATIA (*Par la grâce de Dieu*). Formule qu'on trouve sur les sceaux des rois de la troisième race (excepté sur celui de Hugues Capet).

Les inscriptions des sceaux des anciens évêques montrent quelquefois cette formule, qu'on lit aussi sur les sceaux des abbés dès le XIIe siècle.

Des ducs et des comtes ont aussi fait usage de cette formule.

DESCRIPTION DES SCEAUX. Quand on donne la transcription d'une charte, il est bon d'y joindre la description des sceaux qui y sont attachés. Non-seulement cette description vient ajouter un degré d'authenticité à la transcription, mais elle fournit encore des renseignements curieux sur les marques et les emblèmes plus ou moins héraldiques de la personne à qui appartient le sceau. Ainsi, soit qu'on dessine ou qu'on ne dessine pas les sceaux, on devra toujours les décrire de manière à les faire apprécier dans leurs moindres détails.

Il est donc utile d'indiquer :

1o Si le sceau est plaqué ou pendant;

2º Quelle est la matière : — cire, plomb, or, argent, etc. ;

3º Quelle est sa forme : — ronde, ovale, octogone, en ogive, en écusson, en losange, etc. ; — grande ou petite ;

4º Quelle est sa couleur : — blanche, jaune, rouge, verte, bleue, noire ;

5º Quelle est son attache : — en parchemin, ruban de soie ou de fil de telle ou telle couleur, corde, cuir, cordonnet, etc. ; — en simple ou double queue ;

6º Quels sont les figures, symboles, emblèmes, — les armoiries gravées sur le sceau ;

7º S'il est garni d'un contre-sceau, et quel il est ;

8º Si la légende est en capitales romaines ou en capitales gothiques, ou composée des unes et des autres, ou en minuscules gothiques ;

9º Si le sceau est plus ou moins bien conservé,

10º Et enfin signaler toute particularité qui peut intéresser la sphragistique.

DEVISES. Plusieurs sceaux du xvᵉ et du xvıᵉ siècle contiennent des devises, indépendamment de leurs légendes ; elles se lisent le plus souvent sur des banderolles.

Olivier de Clisson avait sur son sceau, pour devise, ces mots en gothique minuscule :

Pour ce qu'il me plest (1407).

Gui de Molac avait celle-ci :

Bon — ne vie (1406).

aussi en petite gothique, sur une banderolle passant derrière le casque qui surmonte l'écu de ses armes.

Les ducs de Bretagne :

A ma vie.

LÉGENDE :

S'. JEHAN DU JUCH. Sceau rond de 1418. — Au centre, écusson penché à un lion rampant, surmonté d'un casque à cornes : celles-ci chargées chacune de trois fleurs de lis ; et pour cimier un lion *passant*, acosté de quatre pensées, avec la devise disposée en *fasce :*

Bien — sur.

(V. *Hist. de Bretagne*, par D. LOBINEAU.)

DOCTEUR (*Doctor*). « Le titre de docteur commence dans la deuxième moitié du moyen

âge, et fut créé, dit-on, vers le milieu du
xII⁰ siècle pour remplacer celui de maître,
devenu trop commun. » (D. DE VAINES.)

Cependant on voit, par les titres de cette
époque, que ces deux titres ont subsisté ensemble assez longtemps. Il y a cette différence
entre le maître et le docteur : le maître est
celui qui, après avoir rempli le temps des
études, est honoré du titre de maître, et le
docteur est celui qui enseigne une science
dans laquelle il a été déclaré maître.

Ce nom de docteur était toujours joint à la
profession dans laquelle on avait été reçu.
Ainsi il y avait des docteurs de jurispru-
dence, de théologie, de médecine, des arts.

L'établissement de ce nom avec celui des
autres degrés scolastiques, de bachelier et
de licencié, est attribué à Pierre Lombard et
à Gille de la Porrée, qui étaient les principaux théologiens de l'Université de Paris,
au xII⁰ siècle.

LÉGENDES :

✠ S'. N.... DOCTORIS. LEGVM....

✠ S' DOCTORVM. VTRIVSQVE. IVRIS. VNIVERSITATIS.

Cette qualité de docteur est énoncée sur le

sceau d'un chanoine de l'église de Maguelone. (Martin de Vabres.)

Ce sceau, de forme ovale, pendait à un titre de 1292. Christ en croix, tête nimbée, accostée en chef d'une lune à dextre et d'un soleil à sénestre; le chanoine est à genoux, au pied de la croix.

Légende :

✠ S. MARTINI D' VABRO.... (*effacé*). DOCTORIS.

(V. *Hist. du Languedoc,* par D. Vaissette.)

DOMINICAINS. (*V.* Frères Prêcheurs.)

DOMINUS (*Seigneur*). Qualité portée par plusieurs nobles dans leur sceau, et qui répond à celle de seigneur, propriétaire, maître d'un fief.

Légendes :

✠ S' N.... DOMINI (DͦNI) de N ...

✠ S'. DOMINI MATHEI DE N.... (XIIIᵉ s.)

Plusieurs seigneurs ne prennent pas la qualité de *Dominus* sur leurs sceaux, quoiqu'elle soit inscrite dans les titres qu'ils scellent.

DOMUS DEI (*Hôtel-Dieu*, *Maison-Dieu*).
(*V.* HÔTEL-DIEU.)

DOYEN (*Decanus*). Une des premières dignités dans la plupart des églises cathédrales et collégiales.

Il y avait aussi des *doyens ruraux*, qui avaient droit de visite sur les curés des campagnes dans les diocèses divisés par *doyennés*. Ces doyens ruraux sont du IXᵉ siècle.

LÉGENDE :

✠ SIG' WIL'I (Willelmi) ABRINC'(ENSIS) DECANI (xvᵉ s.)

A l'exception du sceau de Hervé de Montmorency, doyen de Paris en 1189, sur lequel il n'y avait que le monogramme de son nom, on ne connaît point de sceaux authentiques propres aux doyens et prévôts de cathédrale, jusqu'à ce que les exemptions des chanoines en aient fait un corps séparé du chef. (MABILLON.)

DOYENNÉ (*Decanatus*). Fonction du doyen. Portion de diocèse divisé en doyennés.

LÉGENDES :

✠ S' DECANATVS DE N....

✠ S' DECAN' AD CĀS (*ad causas*) DE N.... (*V.* DOYEN.)

DUC (*Dux*). Sous les premiers empereurs romains, on appelait ducs *(duces)* les généraux de divers corps de troupes. Ce titre fut ensuite donné à quelques gouverneurs de provinces, et devint commun sous Constantin. Les enfants de ce prince firent de cette dignité l'apanage des proconsuls ou préteurs, qui n'étaient en quelque sorte que des lieutenants de police. Au vie siècle, les ducs étaient chargés du gouvernement des provinces, et les comtes de celui des villes. Après le commencement du xe siècle, les ducs et les comtes convertirent en principautés les lieux et les villes dont l'administration seule leur avait été confiée, et dès lors ils ajoutèrent à leurs noms celui de leurs duchés ou de leurs comtés.

Les sceaux des ducs, ordinairement grands, ronds, équestres, les montrent dès le xie siècle souvent revêtus, tantôt de mailles de fer en forme d'écaille, *squammata vestis*, tantôt de cotes d'armes composées de crochets de fer entrelacés, *hamata vestis*. Avant l'usage du blason ils portèrent bien des écus, mais nus ou chargés de figures arbitraires.

Ce n'est qu'au xiiie siècle qu'on a commencé

à mettre des chevaux caparaçonnés d'étoffes traînantes et armoiriées.

Les ducs sont figurés debout ou assis, à partir de la fin du XIVe siècle.

LÉGENDES :

✠ Sᵗ. N.... DVCIS DE N.... ET COMITIS DE N....

✠ ALANVS BRITANNORVM DVX. (XIIᵉ S.)

Les sceaux des anciens ducs de Normandie, avant Guillaume le Conquérant, sont très-rares et n'ont rien de remarquable, sinon que ces princes prenaient indifféremment les titres de COMES, DVX, CONSVL, PRINCEPS, MARCHIO, PATRICIVS, dans les légendes.

Le sceau de Guillaume le Conquérant, comme roi d'Angleterre, le représente assis, tenant d'une main l'épée, de l'autre le globe terrestre surmonté d'une croix de forme ronde, autour est cette légende en lettres carrées :

✠ HOC. ANGLIS. REGEM, SIGNO. FATEARIS. EVNDEM.

Et le contre-scel de même grandeur que le précédent, où, comme duc de Normandie, le même roi est représenté à cheval, lance ornée d'un gonfanon de trois pièces, et l'écu au bras gauche, avec cotte de mailles et casque. A l'entour on lit, en belles capitales carrées (sauf un ε oncial) :

✠ HOC . NORMANNORVM . WILLELMVM NOSCE . PATRONVM . SI(GNO). (xiᵉ siècle.)

LÉGENDE :

✠ REX . ANGLIE . DVX NORMANNORVM . AQVITANIE ET COMES . ANDEGAVORVM. — Grand contre-sceau équestre de Henri II, ayant pour scel la figure du roi assise, avec cette légende :

✠ HENRICVS : DEI : GRACIA : REX : ANGLORVM : De même grandeur que le précédent; forme orbiculaire.

E

ÉCHIQUIER (*Scacarium*). Ancienne cour de justice en Normandie, composée de seigneurs hauts justiciers, et qui fut érigée ensuite en parlement par Louis XII, en 1499. Sceaux ronds. L'origine de l'échiquier de Normandie remonte au xiiᵉ siècle.

La chancellerie de Normandie, après la conquête de cette province par Philippe Auguste, ajouta une fleur de lis aux armes de ses anciens ducs.

Charles V, régent du royaume pendant la captivité du roi Jean, ayant uni la Normandie à la couronne, cette province n'eut plus de chancelier ni de grand sceau.

Mais Louis XII, ayant érigé l'échiquier en cour souveraine sédentaire à Rouen, lui donna un sceau qui devint celui du parlement, lorsque François Ier ordonna, en 1515, qu'elle en porterait le nom.

LÉGENDES :

☩ S' SCACARII ALENCONIS. Echiquier, deux écussons et une tour dans un compartiment à quatre lobes.

☩ CONTRA SIGILLVM SCACARII NORMIE. (xv s.) Écu à trois fleurs de lis.

☩ SIGILLVM : MAGNVM : SCACARII : DVCATVS : NORMANNIE. Au centre l'écu semé de France. Grand scel.

☩ SIGILLVM : REGIVM : SCACARII : DVCATVS : NORMANNIE. Semé de France. Petit scel.

ÉCRITURES DES LÉGENDES. Les écritures employées dans les inscriptions des sceaux sont :

1º La capitale romaine, dont l'usage s'est maintenu jusqu'au xiie siècle, où elle disparaît dans un mélange de lettres onciales et de caractères gothiques ;

2° La capitale gothique, qui paraît dans le cours du xiiie siècle et au commencement du xive siècle ;

3° La minuscule gothique dans les sceaux du xive, du xve et du xvie siècle ;

4e Et l'écriture capitale moderne, qui se montre dès le xvie siècle, et chasse entièrement le gothique des sceaux du xviie siècle.

L'alphabet (PL. i) montrera toutes les lettres employées dans les inscriptions sigillaires, les différentes formes que les lettres capitales ont affectées comme onciales ou comme gothiques, notamment dans les caractères arrondis, D, E, H, K, M, N, T, V, employés dans les légendes des sceaux.

Si on se pénètre bien des différentes formes propres à chaque lettre, on ne s'exposera pas, dans la lecture des légendes, à prendre :

A	pour	M
B	—	de *ou* ed
C	—	E
H	—	N
K	—	R

ÉCUYER (*Armiger, Scutifer*). On entendait anciennement par écuyers ceux qui portaient l'écu du chevalier; on donnait aussi ce nom aux jeunes seigneurs qui n'étaient pas encore chevaliers. Le titre d'écuyer est très-commun dans les chartes du XIIᵉ, XIIIᵉ et XIVᵉ siècle.

Sceaux généralement ronds, écusson aux armes du seigneur, avec ou sans casque, ne se montrant guère qu'à partir du milieu du XIIᵉ siècle.

Légendes :

✠ Sʹ. N.... ARMIGERI.

✠ Sʹ. N.... de N.... SCVTIFERI.

✠ SEEL JEHAN N.... ESCVIER. (XIVᵉ s.)

✠ Sʹ. ROB. N.... ESCVIER. (1277.)

ECCLESIA (*Église*). Les églises avaient des sceaux qui leur étaient propres, comme il se voit par cette légende :

✠ Sʹ. ECCE . SCI . SIMPHORANI . M . D'un sceau de l'église de saint Symphorien (martyr), de la fin du XIIIᵉ au commencement du XIVᵉ siècle. Forme ogivale. (V. *Bulletin de Soc. de Sphr.*)

ÉGLISE CATHÉDRALE (*Ecclesia cathedralis*). C'est la première et principale église d'un diocèse. Elle fut appelée *cathédrale* parce que l'évêque y avait établi le siége épiscopal. Les sceaux des églises cathédrales remontent au moins au IXe siècle. « *Presbyteri sub sigillo custodiant chrisma,* » dit le 18e canon du sixième concile d'Arles, tenu en 813.

Les sceaux de ces églises représentent ordinairement leurs saints patrons ou leurs saints évêques les plus illustres; les édifices des églises y sont parfois figurés.

LÉGENDES :

✠ S. ECCLIE CATHEDR.... N....

S. ECCLESIE BEATA MARIE de....

S. ECCLESIE..... Le nom du saint ou des saints, ou de la sainte sous l'invocation desquels l'église est placée.

ÉGLISE COLLÉGIALE (*Ecclesia collegialis*), à laquelle est attaché un corps de chanoines.

Sceau ordinairement ovale, portant tantôt l'image du doyen, tantôt celle des saints titulaires, et tantôt des armoiries.

LÉGENDE :

S. ECCLIE COLLEG. DE....

ÉGLISE PAROISSIALE (*Ecclesia parrochia-lis*). « Vers le milieu du XIII⁰ siècle, les églises paroissiales eurent aussi leur sceau : on y trouve souvent représenté un grand lis florencé ou l'image du patron. » (D. DE VAINES.)

ENSEIGNES. Nom qu'on donnait aux sceaux dans le XIII⁰ et le XIV⁰ siècle.

EPISCOPUS. (*V.* ÉVÊQUE.)

ESTAMPILLES *(Stampilla)*. Marque qui se mettait sur certains actes au lieu de signature ou avec la signature même, tels que sur des brevets, des commissions, des lettres, etc. On a donné aussi ce nom à l'instrument qui sert à faire cette marque.

Les estampilles ont été employées nombre de fois en guise de sceaux, et cet usage date de plusieurs siècles. Un savant anglais a reconnu que Guillaume le Conquérant (X⁰ siècle), à l'exemple de son père et de son aïeul, imprimait parfois sur ses chartes un cachet trempé dans l'encre. Au lieu d'y apposer son sceau, c'était une sorte d'estampille qu'il y mettait. (V. *Éléments de Paléographie*, t. II, p. 22, n⁰ 2.)

Au mot *Stampus*, du Cange dit que ce mot est synonyme de « *nota, impressio, signum, character, exemplar;* en français, *modèle, empreinte;* en anglais, *stamp;* en italien, *stampa,* d'où est venue *estampille,* surface gravée dont se servaient les illettrés pour apposer leur nom à des chartes. » Nous donnons (PL. xv) quelques estampilles de financiers d'après les cachets en fer, artistement gravés, de la collection de sceaux de M. Eug. Noury. (*V.* NOTAIRES.)

ÉTAIN (*Matière des sceaux*). L'étain était rarement employé; on lui préférait le plomb. (*V.* ce mot.)

ÉVÊCHÉ (*Episcopatus, Sedes Episcopi*). (*V.* SEDES.)

ÉVÊQUE (*Episcopus, Præsul*). Prélat chargé de la conduite d'un diocèse. Dans les premiers siècles, les évêques ne scellaient qu'avec des anneaux dont les empreintes étaient arbitraires.

Dès le IXᵉ siècle, quelques-uns eurent des sceaux différents des anneaux.

Au xe siècle, les évêques firent mettre leur propre figure sur leurs sceaux.

Au xie, on trouve tantôt les images des patrons de leur église, et tantôt leur propre représentation avec les habits pontificaux; communs sur le déclin du xie.

Au suivant, ils conservent la forme ronde, mais ils ne tardent pas à devenir oblongs ou à prendre la forme ogivale pour la plupart, sur lesquels les évêques sont représentés les uns assis, les autres debout.

Les sceaux de plusieurs évêques eurent des contre-scels : celui de Hugues d'Amiens, archevêque de Rouen en 1145, est regardé comme le plus ancien avec contre-scel.

Au xiiie siècle, tous les évêques eurent des sceaux particuliers et authentiques, qu'ils appelaient *seel de chambre (sub sigillo camere nostre).* C'est au xive siècle qu'on vit les contre-scels des évêques chargés de leurs armes.

Les évêques du xive siècle continuèrent à sceller avec de grands sceaux portant leurs images. Après le milieu de ce siècle, nos évêques commencèrent à sceller avec des cachets ou petits sceaux, et à distinguer le grand du petit.

Vers le commencement du xve siècle, le petit prit la place du grand, sans qu'on puisse préciser l'époque où le grand sceau épiscopal cesse d'être en usage.

LÉGENDE :

✠ S'. N... DI. GRA. EPISCOPI N.... Avec contre-scel, où se trouve souvent la Salutation angélique : AVE MARIA GRATIA (1269).

La formule *Dei gratia* se montre sur les sceaux des évêques et des archevêques.

Sur le déclin du xiiie siècle, quelques évêques employèrent la formule SEDIS APOSTOLICE.

En général, les sceaux des évêques portaient leur nom, celui de leur siége et quelquefois des monogrammes.

F

FACULTÉ (*Facultas*). Corps des docteurs qui professaient dans les universités. Chaque faculté avait son sceau ; et, selon les quatre divisions des anciennes universités, le sceau avait pour légende :

✠ SIGILLVM MAGISTRORVM FACVLTATIS THEOLOGIE, avec le nom de lieu.

✠ SIGILLVM MAGRORVM (*magistrorum*) FACVLTATIS IVRIS. (*Nomen loci.*)

✠ SIGILLVM MAGISTRORVM FACVLTATIS MEDICINE. (*Nomen loci.*)

✠ SIGILLVM MAGRORVM (*magistrorum*) ARTIVM. (*Nomen loci.*) (*V. UNIVERSITÉ.*)

FARINE (*Matière des sceaux*). « On prétend que les rois même ont scellé leurs lettres avec de la pure pâte de farine, et que c'était la coutume de la chancellerie de France jusqu'à l'usage de la cire. » (MIRAMONT, p. 253.)

FAUSSAIRES. On a fait de faux sceaux comme on a fabriqué de fausses chartes ; l'un entraînait l'autre. Le *Journal de Henri III*, à la date du 11 juillet 1584, dit « qu'à Paris, devant l'hostel de Bourbon, furent pendus un nommé Larondelle et un autre sien complice, chacun d'eux aagé de soixante ans et plus, atteints et convaincus, l'un d'avoir gravé des seaux de la chancellerie du Roy, et l'autre scellé plusieurs lettres d'importance avec les dits faux seaux, des quels ils usoient avec telle dextérité, que mesme le chancelier et les secrétaires d'Estat, des quels ils contrefaisoient les seings et seaux, y estoient abusez. »

Des faussaires sont parvenus à détacher des sceaux de chartes authentiques pour les fixer à des actes faux. Les Bénédictins diplomatistes ont indiqué les procédés employés en pareils cas.

FORME DES SCEAUX. La forme des anciens sceaux a extrêmement varié. Les uns sont ronds, ovales, en ogive, en écusson, et ce sont les plus communs ; les autres, assez rares, sont carrés, triangulaires, polygones, en losange, etc.

La forme ronde ou orbiculaire est celle qu'affectent plus particulièrement les sceaux royaux, ceux des ducs, des comtes et des chevaliers. Les plus anciens sceaux ecclésiastiques sont aussi orbiculaires, ainsi que les sceaux de ville.

La forme ovale et en ogive fut employée généralement par les cardinaux, les églises, les évêques, les abbés et abbesses, les monastères, les chapitres, les officiaux; et, dans l'ordre civil, par les dames nobles et les universités.

FORMULES DES LÉGENDES. La connaissance des formules qu'affectent les légendes, selon la spécialité du sceau, est d'un grand secours pour résoudre les difficultés qui naissent de mots trop abrégés, ou qui manquent dans l'inscription par suite de brisures dans la cire ou de foulage sur l'empreinte. C'est donc pour obvier à ces inconvénients et pour faciliter la lecture des légendes que nous avons donné à chaque spécialité de sceau la formule qui lui est propre.

FRÈRE (*Frater*). « Depuis le xᵉ siècle, les abbés et les simples moines prirent assez sou-

vent le titre de frère à la tête de leurs écrits. »
(D. DE VAINES.)

FRÈRES (*Fratres*). Les religieux de l'ordre
de Saint-Dominique et ceux de Saint-François
ont pris le titre de frères sur leurs sceaux.

FRÈRES MINEURS ou CORDELIERS (*Fratres Minores, Minoritæ*). Religieux de l'ordre
de Saint-François, qu'on appela Cordeliers
de l'Etroite-Observance. Ils ont été établis
en 1205.

Avant la fin du XIIIe siècle, les Frères Mineurs, docteurs ou bacheliers, eurent chacun
un sceau particulier. — Les sceaux des supérieurs généraux de cet ordre représentaient,
en 1480, saint François portant les stigmates.

LÉGENDES :

✠ S. FRATRVM OU FRVM MINORVM DE····
✠ S. CONVENTVS FRATRVM MINORVM DE····

FRÈRES PRÊCHEURS (*Fratres Prædicatores.*) Religieux fondés par saint Dominique,
en 1215. Ils portaient une robe de serge blanche
avec un scapulaire de même couleur, et pardessus une chape avec un chaperon noir.

L'ordre de Saint-Dominique a eu des sceaux dès son origine.

Forme ogivale ; — figure de saint Dominique.

Chaque supérieur de cet ordre a eu un sceau qui lui était particulier, à la fin du XIIIe siècle.

Avant ce temps, les simples religieux usaient de sceaux aux armes de leur famille.

LÉGENDES :

✠ SIGILL. CONVENTVS FRATRVM PREDICATORVM, ou :

✠ S' CVENTVS FRM PDIC' DE....

Celui des Frères Prêcheurs du couvent de Saint-Louis d'Evreux, de forme ogivale, représentant saint Louis assis sous un dais gothique, portant le sceptre et la main de Justice, a pour légende, en lettres onciales :

✠ S'. COVETVS : STI : LVDOVICI EBROIC'. ORD'. FRM. PDIC'.

Il y en a un autre, de forme orbiculaire, du même couvent, représentant saint Pierre et saint Dominique assis, et pour légende :

✠ S. CONVENTVS FRATRVM PREDICATORVM EBROIC.

G

GARDE DU SCEL (*Custos sigilli*). La garde du scel, dans les vicomtés, les châtellenies, prévôtés, etc., était confiée anciennement à toutes sortes de personnes, mais dont le caractère et la position honorables garantissaient la sûreté du dépôt mis entre leurs mains. C'est ce que confirment beaucoup d'actes contenant des indications telles que celles-ci :

« *A tous ceus qui ces lettres verront, Estienne Mansel, prestre, garde du seel de la chastellerie d'Andely, salut :* » (1343.)

« *A tous ceulx qui ces lettres verront, le prieur de la Meson Dieu d'Andely, garde du seel des obligations de la chastellerie dudit lieu.* » (1363.)

« *Jehan de Bordeaulx, escuyer, conseiller du Roy, vicomte de Vernon et garde du scel aux obligations de la prevosté dudit lieu, salut :* » (1587.)

« *A tous ceulx qui,* etc., *Henry Mordant, bailly vicomtal de Baudemont, garde du seel aux contrats et obligations de la chastellenie dudit lieu, salut :* » (1595.)

« *A tous ceulx,* etc., *Robert Durand, licencié ès lois, lieutenant général et particulier de Monsr le bailly dudit duché de Longueville, en la chastellenye d'Estrepagny, maistre des eaux et forêts et garde marteau d'icelle, garde du scel aux obligations de ladite chastellenye pour très-haulte et très-puissante princesse, mademoyselle de Longueville, dame et baronne dudit lieu d'Estrepagny, salut :* » (1626).

« *A tous ceux qui ces présentes lettres verront, François de la Rivière, chevalier seigneur de la Borde, les Rameaux et autres lieux, capitaine du château de la Roche-Guyon, garde du seel aux contrats et obligations du duché de la Roche-Guyon, salut :* » (1767.)

Les gardes du SCEL AUX OBLIGATIONS étaient des officiers établis dans les juridictions royales, et au nom desquels sont intitulés et scellés les contrats qui se passent dans le ressort.

Leur sceau, entre deux papiers et de forme ordinairement ovale, offre l'écusson royal surmonté de la couronne, et pour légende le nom seul du *garde du scel*. Souvent au pied de l'écu royal, ou sur les côtés, la lettre initiale du nom de lieu se remarque.

LÉGENDE :

CHARLES LE SERGENT. (Garde hérédital du scel aux obligations des tabellionnages royaux de la vicomté du Pont-de-l'Arche, à Louviers.) L'écu royal couronné; au pied, le sigle L (Louviers). 1640.

Son prédécesseur dans les mêmes fonctions est :

FRANÇOIS HESBERT. Même écusson, même sigle L. (1619.)

GARDE DES SCEAUX (*Custos sigillorum, supremo Regis ærario Præfectus*). Officier de justice chargé de garder les sceaux lorsqu'on les ôtait au chancelier, ou quand celui-ci ne pouvait exercer sa charge.

GRANDEUR DES SCEAUX. Les sceaux ont affecté différentes grandeurs, quelquefois suivant les temps, quelquefois suivant les personnes, et plus souvent suivant le caprice. Plusieurs ducs, comtes, villes, etc., ont montré que les rois n'avaient pas seuls le privilége d'avoir de grands sceaux. Les hauts et puis-

sants seigneurs, ou ceux qui voulaient paraître tels, ne se sont pas fait scrupule de
chercher à égaler ou à surpasser leur souverain sous ce rapport. De même que les sceaux
royaux se sont agrandis successivement avec
les siècles, de même les familles nobles, à
mesure qu'elles croissaient en richesses, vou-
lurent aussi avoir des sceaux dont la grandeur
témoignât de leur importance. Il n'y avait à
cet égard ni loi ni étiquette : chacun, selon
son ambition, pouvait donner à son sceau la
forme et la grandeur qui lui convenaient. On
ne sera donc pas surpris de rencontrer parfois le sceau d'un vassal égal ou supérieur en
grandeur à celui de son suzerain.

GRAVURE ET FAÇON DE SCEAUX. D'a-
près les rares documents qui nous restent sur
la façon et la gravure des sceaux au moyen
âge, nous voyons que la confection des sceaux-
matrices d'or ou d'argent était confiée aux
orfévres, et que des mains de ceux-ci ils passaient dans celles du graveur, quand l'orfévre
ne s'en chargeait pas complétement.

Dans l'extrait d'un compte de Guill. Juzel,
à qui succéda Jehan de l'Espinay, le 14 avril

1489, on lit pour les dépenses qui furent faites depuis le décès du duc de Bretagne :

« *A Hacquinet, orfeuvre à Nantes, pour un sceau d'argent en faczon de losange, armoié des armes de Madame* (la duchesse Anne), *qui lui a esté ordonné de faire par l'ordonnance du grand conseil de madite Dame, pour servir à la chancellerie, pesant deux onces et demie d'argent.*

« *A Pierre le Long, semblablement orfeuvre, qui a refondu ledit sceau en escusson et y a emploié de plus un quart d'once.*

« *A Charles de May, engraveur, pour la faczon d'un sceau, lequel il a engravé, au lieu d'ung autre qui fut fait en Guerrande.* » — Les prix n'y sont pas marqués. (V. *Hist. de Bretagne,* par D. LOBINEAU, Preuves, col. 1474.)

Nous trouvons encore ces vers du XIVe siècle sur le soin qu'apportaient les graveurs dans l'exécution d'un sceau :

« *Aussi com' souvent plusours hommes*
Ygnorans si com' nous sommes
Loent, trop forment et devisent
L'empreinte d'un seel *et prisent*

Et si n'est mie bien parfaite
Quer la main ni fut pas bien traite
Ou dedens aucune paille a
Et le maistre qui la tailla
Pense encor se faute y a point .
Et la lime et la met à point
Il ot bien loer sa mestrie
Mes pour ce ne se tient il mie
Qu'il n'i amende et qu'il n'i taille
A celle fin que rien n'i faille
Et qu'il n'i ait défaute nule. »

(*Dialogue saint Grégore*, XIVᵉ siècle.)

HOPITAL (*Hospitale*). Maison fondée pour recevoir, nourrir, loger et traiter les malades, les passants et les pèlerins, comme aussi les enfants orphelins, les personnes âgées qui sont sans asile. Autrefois les évêques y com-

mettaient des maîtres et administrateurs per-
pétuels : c'étaient des ecclésiastiques, qui
prenaient le titre de prieur, ou bien c'étaient
des religieux ou des religieuses de la règle
de saint Augustin ou de telle autre. Mais, par
l'édit de Charles IX, il fut ordonné que, par
élection qui serait faite par les habitants des
lieux, « les hopitaux seroient pourvus d'administrateurs laïques, non gentilshommes ni
officiers, qui administreroient pendant trois
ans, après lesquels ils rendroient leurs
comptes. »

Nous avons sous les yeux un sceau plaqué
en cire rouge de l'ancien hôpital d'Andely
(Eure), administré par des religieuses de Saint-
Augustin, dont la légende est ainsi rendue
en lettres capitales :

✠ PRIORISSA HOSPITALIS B̄TI JACOBI ANDELIENSIS 1664.
Forme ovale. Dans le champ, S. Jacques accosté, à dextre
et à sénestre, d'une fleur de lis. (V. Hôtel-Dieu.)

HOSTELARIUS (*Hôtelier*). Moine chargé
de la réception des hôtes.

Un sceau-type de notre collection porte
pour légende :

✠ **S. F.** (Fratris) **IOH'IS** (Johannis) **BARBV HOSTELLARII MAIORIS MONASTERII** (Marmoutier). Forme ogivale. Représentant, dans une niche gothique, S. Jean avec son agneau. — Légende en capitales gothiques et romaines. (xIV⁰ s.)

HOTEL-DIEU, MAISON-DIEU (*Domus Dei*).

Les hôtels-Dieu, administrés autrefois par des communautés religieuses, avaient des sceaux gravés souvent au nom du chef de la communauté, *prieur* ou *prieure*, ou encore au nom des administrateurs laïques, quand ceux-ci furent substitués aux premiers. C'est pourquoi on rencontrera des légendes diversement exprimées ainsi :

✠ SIGILLVM MAGISTRI DOMVS DEI DE....

✠ S' PRIORIS HOSPITALIS BEATI ou BEATÆ.... DE....

✠ SIGILLVM COMISSORVM DOMVS DEI DE....

I

IMPERATOR (*Empereur*). Le titre *Imperator* ne doit point arrêter ; car les noms de *Roi* et d'*Empereur* ont été employés l'un pour l'autre au moyen âge.

Clovis, Pepin, Robert et plusieurs autres rois de la seconde et troisième race ont été décorés du titre d'*Auguste* ou d'*Empereur*. (D. DE VAINES.)

IMPÉRATRICE (*Imperatrix*). Les sceaux des impératrices et des reines sont fort rares. M. Heuman et le P. Hergott en ont pourtant publié quelques-uns. Les sceaux des duchesses, comtesses et autres dames sont un peu plus communs. (D. DE VAINES.)

INDISTINCTION DE MOTS (*Paléographie des légendes*). Il n'est pas rare de rencontrer dans les sceaux du XIIIe au XVIe siècle des légendes dont les mots ne sont séparés par

5.

aucun point ni par aucun espace. Cette indistinction de mots rend les légendes difficiles
à lire, pour peu encore qu'il s'y trouve des
mots abrégés, des lettres mal gravées, con-
tournées ou renversées. C'est alors qu'il est
nécessaire, pour éviter toute méprise et réta-
blir l'ordre des mcts, d'être familiarisé avec
les formes variées des caractères alphabéti-
ques, les diverses abréviations, ainsi qu'avec
les formules propres à chaque espèce de
sceaux.

INQUISITEURS. Les inquisiteurs eurent
aussi des sceaux pour sceller leurs décrets.

Vers 1540, l'inquisition fut établie pour
toute la Normandie dans le couvent des
Frères Prêcheurs d'Évreux, par le pape, et
confirmée par le roi François Ier, contre les
nouveaux hérétiques de France.

« On voit encore, dit le Brasseur, historien
du comté d'Évreux, dans ce lieu les prisons
de l'inquisition et le SCEAU dont se servaient
les inquisiteurs pour sceller leurs décrets.
C'est un morceau de cuivre ovale, avec une
poignée, sur lequel sont gravées les images
de saint Dominique et de saint Pierre, mar-
tyrs. » (P. 316.)

INSCRIPTIONS. A l'égard des inscriptions des sceaux, il est bon d'observer : 1° avec D. de Vaines, que les lettres paraissent quelquefois renversées ; 2° que le caractère des lettres sert à en fixer l'âge, et que la minuscule gothique n'y paraît ordinairement qu'au XIVe siècle ; 3° que les inscriptions varient sur le sceau d'un même prince ; 4° enfin qu'il n'est pas rare de rencontrer des sceaux sans inscriptions.

On entend aussi par *inscription* les mots qui sont écrits horizontalement dans le champ du sceau, comme dans le champ d'une médaille ou d'une monnaie. La légende est l'inscription circulaire. (*V.* LÉGENDES.)

——————

J

JACOBINS. C'est ainsi qu'on appelait les Dominicains de Paris, dont le couvent était rue Saint-Jacques (*in via Jacobœa.*) (*V.* FRÈRES PRÊCHEURS.)

JUGES. Les juges établis dans les justices royales et seigneuriales eurent des sceaux dès le XII⁰ siècle ; mais ils ne devinrent communs qu'au XIII⁰ siècle. Ils s'en servaient alors pour autoriser les actes, au lieu de signatures. Chaque juge avait son sceau particulier ; mais, depuis que Philippe le Long eût réuni à son domaine les sceaux des justices royales, leurs sceaux devinrent publics.

Louis le Hutin rendit, en 1315, une ordonnance pour que les baillis et sénéchaux ne se servissent que de petits sceaux aux *armes du roi*. (D. DE VAINES.)

JURATI (*Jurés, Conseillers de ville*).

LÉGENDE :

✠ SIGILLVM MAIORIS ET IVRATORVM. (*N. loci.*)

(*V.* SCEAUX DE VILLE.)

JURIDICTIONS ECCLÉSIASTIQUES. Les sceaux des évêques, des abbés, des monastères et des gentilshommes ont autrefois servi aux juridictions qui n'en avaient pas.

Les officiers de justices seigneuriales appartenant à des ecclésiastiques avaient donc un sceau, chargé simplement des armes du seigneur-évêque, abbé ou autre, avec ou sans légende, comme le démontrent les sceaux suivants :

Légendes :

SIGILL' IVRISD'. ABBATIE SCI. N ···

IVRISDICTION DILLIERS. Forme ovale. — Armes de l'évêque d'Évreux, Rochechouart. (xviie s.) — Sceau-matrice en cuivre, de notre collection.

FRANÇOIS ARCHEVESQVE DE ROVEN (1639). Sur le sceau plaqué de la justice de Louviers. — Forme ovale. — Armes de l'archevêque. (1680.)

Un autre sceau de la même justice de Louviers, également plaqué entre deux papiers sur un titre de 1680, ne présente que les armes de l'archevêque, sans légende.

JUS SIGILLI. Il n'y avait pas seulement que les nobles qui eussent le droit d'avoir un sceau, les gens de basse condition se le donnaient aussi.

Le *Jus sigilli* fut un droit commun dès le moment que le sceau tint lieu de la signature.

Seulement il arrivait, dans beaucoup de cas, que les gens de condition obscure, faisant usage de sceaux peu connus, étaient dans la nécessité d'y faire joindre un sceau public pour que plus de confiance fût ajoutée à leurs écrits.

Dans une charte de 1449, citée par du Cange, nous lisons cette déclaration curieuse d'un particulier :

« *In cujus rei testimonium presenti scripto sigillum meum apposui, et quia sigillum meum quampluribus est incognitum, ideo sigillum majoratus ville Oxon. presentibus apponi procuravi.* »

—

L

LACS. On distingue particulièrement par ce mot les attaches de fil ou de soie qui retiennent le sceau pendant à la charte.

Il y avait des lacs tissés de fils de différentes couleurs. Les *Vidimus* mentionnent toujours la nature des attaches, et nous montrent par leurs descriptions quelles étaient, suivant les temps et les personnes, la matière, la forme et la couleur des attaches. C'est par un *Vidimus* que nous apprenons qu'une charte de Robert d'Ivry, de 1239, était « scellée en las de fil ouvré à l'eschiquier, etc. »

Les lacs étaient tressés ou cordelés ; les couleurs qui s'y montraient le plus ordinairement étaient le rouge et le jaune. Les lacs de soie rouge et jaune ne devinrent d'un usage commun que depuis le milieu du XIIIe siècle. (*V.* ATTACHES.)

LACS DE SOIE ET CIRE VERTE. Forme de sceller dont il est souvent fait mention dans les actes des souverains ou des grands feudataires.

On ne scellait ainsi que des lettres de faveur, de grâce ou les traités importants, comme il paraît par cette clause des lettres de Charles V (1364).

Ce sont des pouvoirs donnés par ce monarque à l'archevêque de Reims et au maréchal de Boucicault, pour traiter de la paix en Bretagne, où il est dit à la fin :

« Pour faire toutes choses qui à celles dessus dites seront nécessaires et convenables et

pour bailler sur ce leurs lettres soubs leurs
sceaux, les meilleures que l'on pourra faire,
lesquelles nous ratifierons, confirmerons et
approuverons par les nostres en *lacs de soie
et cire verd,* et autrement, si comme mieux
pourra estre fait, si mestier est et nous en
sommes requis..... En tesmoing de ce nous
avons fait mettre nostre scel à ces présentes.
Donné à Paris, le cinquiesme jour d'octobre,
l'an 1364... » (V. *Histoire de Bretagne,* par
D. Lobineau, Preuves, col. 507.)

LÉGATS (*Legati*). Les légats du pape se
servaient de leur propre sceau dans leurs
missions.

Témoins ces deux sceaux du xiiie siècle de
cardinaux, légats dans le Languedoc :

✠ SIGILL. CONRADI. PORTVENT. SCE. RVFINE. EPI.
(Conrade, cardinal, évêque de Porto.) Sceau ogival, pendant à un acte de 1226. — Évêque crossé, mitré et assis,
bénissant de la main droite.

✠ ROMANVS DI. GRA SCI ANGELI. DIACON. CARD.
(Romain, cardinal de Saint-Ange.) Sceau ogival, pendant
à un acte de 1226. — Personnage debout, portant un livre
appuyé contre sa poitrine. (V. *Hist. du Languedoc,* par
D. Vaissette, t. V, pl. i, nos 2 et 3.)

LÉGENDES. Les légendes ou inscriptions des sceaux offrent au paléographe de curieux sujets d'étude. De même que dans les monnaies et les marbres, on y observe une écriture qui se modifie de siècle en siècle, et qui demande, pour se laisser pénétrer, à être étudiée dans ses divers *éléments,* ses *abréviations,* son *orthographe,* ses *lettres conjointes,* ou *monogrammatiques,* ses *lettres enclavées, retournées, couchées,* dans les *signes abréviatifs* qu'elle emploie, et dans toutes les irrégularités que l'ignorance ou le caprice y ont introduites. (*V.* chacun de ces mots.)

Les sceaux des ducs, des comtes et autres grands vassaux de France ont des légendes très-laconiques et fort simples jusqu'au XIIe siècle inclusivement; mais, dès le XIIIe, elles devinrent plus étendues.

Il n'est pas rare de rencontrer des sceaux sans légendes.

En 1237, le cardinal Othon, légat en Angleterre, fit un statut qui ordonnait aux archevêques, évêques, abbés, prieurs, doyens, officiaux, d'avoir chacun leurs sceaux sur lequel leur nom propre et celui de leur dignité, office ou communauté, fussent gravés

en caractères clairs et lisibles pour tout le
monde, afin que leur sceau pût passer pour
authentique.

LEMNISQUE (Ληµνίσκος). Bande, cordon.
Terme par lequel on désigne les attaches des
sceaux. On dit *Lemnisques de parchemin* et *de
cuir*. Il n'est guère usité que dans ces deux
cas. (*V*. ATTACHES.)

LETTRES CONJOINTES (*Paléographie des
légendes*). Dans les légendes des sceaux on
rencontre souvent des conjonctions de lettres
qui en rendent la lecture difficile. Les graveurs, souvent gênés par l'espace, liaient certaines lettres si étroitement, qu'elles perdaient
une partie de leur élément.

Voici les conjonctions les plus fréquentes à
l'égard des lettres capitales; elles aideront à
faire reconnaître les lettres qui participent à
cette combinaison.

B · R · Ð · R · N · E · M · L · A · N ·
ab ap ed ar en et lm il an nt
de   te

ND · PH · T · T · TH · W ·
nd ph et ti th w

LETTRES ENCLAVÉES (*Paléographie des légendes*). C'est encore pour ménager l'espace que les graveurs faisaient entrer dans l'écriture des légendes, outre des lettres conjointes, des lettres incluses. Telles sont par exemple :

ci	cc	co	ei	hi	ni	si	no	qui	vs	w
	oc		ie		in	is	on		us	

LETTRES ISOLÉES (*Paléographie des légendes*). (*V.* Monogrammes.)

LETTRES RETOURNÉES (*Paléographie des légendes*). Les inscriptions sigillaires présentent souvent des lettres rendues à contresens, et dans ce cas on peut, dans une légende en capitales gothiques, prendre :

α	C	retourné pour un	**ꭥ**	D
ꭰ	D	—	—	**ꭏ**	C
ꟻ	F	—	—	**ꓤ**	A
ꮹ	G	—	—	**ꝋ**	D
ᑫ	P	—	—	**ꝙ**	Q
ꓤ	R	—	—	**ꓤ**	A
ꙅ	Z	—	—	**ꙅ**	S

Il s'est trouvé des légendes entièrement

composées de lettres retournées; cette disposition vicieuse est due à l'inadvertance des graveurs, qui oubliaient de tracer en sens inverse les caractères de la légende, afin que l'impression du sceau les rendît à droite sur la cire; tel est celui du fils du comte Conam de Bretagne. (*V.* Pl. xi.)

LETTRES CLOSES, MISSIVES, SCELLÉES.

Au moyen âge, les lettres missives et les actes secrets étaient scellés avec les mêmes précautions que nous mettons aujourd'hui à cacheter toutes sortes de lettres.

Au xiiie et au xive siècle, on connaissait plusieurs manières de fermer les lettres :

1o En pliant la lettre à laquelle on faisait une ou deux incisions pour faire passer par tous les plis des lacs de soie, ou une bandelette de parchemin dont les bouts étaient fixés sous la cire et scellés;

2o En découpant au bas de la lettre une queue de parchemin, et pliant la lettre à laquelle on faisait une ouverture pour passer la queue : celle-ci, également scellée à son extrémité, servait encore à mettre l'adresse;

3o En pliant la lettre qu'on mettait sous

une bande qui recevait l'adresse, et dont les
bouts étaient pris dans la cire, recouverte ou
non d'un papier ;

4º Et enfin en disposant les plis d'une lettre
de manière à ce que les deux extrémités oppo-
sées puissent s'engager l'une dans l'autre, et
recevoir à leur point de jonction l'empreinte de
cire. (V. *Note sur les Sceaux des lettres closes*,
par Léop. DELISLE ; Bibl. de l'École des chartes,
t. II, 6ᵉ livrais., 1856.)

« Indépendemment des actes publics, dit
M. de Wailly, que l'on pourrait désigner sous
le nom de *lettres patentes*, en prenant ce
terme dans l'acception la plus large, on
trouve aussi dans les archives des actes secrets qui ne pouvaient être scellés de la même
manière, parce que le sceau était destiné à
les fermer. Les brefs des papes étaient entourés souvent d'une bandelette de parchemin qui empêchait de les déplier, et sur laquelle on imprimait l'anneau du pêcheur ;
souvent aussi le sceau était placé comme les
cachets le sont aujourd'hui sur nos lettres
missives. Il existe aux Archives du Royaume
(f. 312) plusieurs lettres qui sont cachetées de
cette manière ; elles ont été adressées, vers
l'an 1268, à Alphonse, comte de Poitiers et de

Toulouse, par des cardinaux et des évêques
d'Italie... Quelques-unes de ces lettres sont
sur papier de coton, les autres sur parchemin;
elles avaient été pliées de manière à ce qu'une
des deux extrémités pût être insérée entre les
replis de l'extrémité opposée; elles portent
d'ailleurs la trace d'un sceau appliqué au point
de réunion et qu'il fallait briser pour prendre
lecture du contenu. » (*Éléments de Paléographie*, t. II, p. 28-29.)

Le *Roman du Châtelain de Coucy*, écrit
vers la fin du XIIIe siècle, nous fournit, dans
les vers suivants, des détails curieux sur
l'emploi du sceau-cachet pour les lettres
privées :

> « Et si t'aporteray deus mos
> En un poy de parchemin clos. »   p. 104.

> « A sa dame vint qui atourne
> Tout ce qui affiert pour escrire :
> Apresté a séel et cire
> Lors commencent lor lettre à faire. » p. 105.

> « Quant la lettre fut devisée,
> Et close estoit séellée
> La pucelle errant la porta
> Au garçon, et li commanda
> Que il au chastelain le baille... »   p. 106.

> « Et li a dit : Ma Damoiselle,
> Que Diex doinst hui honnour et joie!
> Ceste lettre-cy vous envoie,

Et vous prie que vous les lisiez
Et che que trouverrés faciés :
Adieu, ne vous sait plus que dire.
Va-t'en donc, que Dieu te gart d'ire,
Dist li chastelains ; *puis brisa*
Le saiel, et la lettre esgarda,
Et l'a leue de chief en chief, etc. »   p. 133.

« La lettre fist escrire ainsy

. . . .

Lors l'a ploié et séellée,
Et puis, sans faire demourée
Son seel geta en la mer. »   p. 254.

« Puis li a le sel monstré
Et après li a demandé :
Connaissiés-vous ces armes-cy?
C'est dou Chastelain de Coucy.
En sa main la lettre li baille... »   p. 267.

(Li Roman dou Chastelain de Coucy.)

M

MAGISTER (*Maître*). Est souvent employé
dans les sceaux comme équivalent de direc-
teur, d'administrateur.

Légende :

✠ SIG'. NOMEN. MAGISTRI DOMVS DEI de....

(*V.* Maitre.)

Cette qualité est prise par le *clerc* ou *chapelain* d'Alphonse, comte de Poitiers et de Toulouse, Odon Moutonnier, qui l'inscrit sur son sceau.

✠ S. MAGISTRI ODONIS (*eff.*) DE MVTONERIA.

Il s'est fait représenter en prière aux pieds de la Vierge tenant l'Enfant Jésus.

Ce sceau était pendant à un acte de 1266. (*V.* D. Vaissette, *Histoire du Languedoc,* t. V, pl. I, n° 25.)

MAIRE (*Major*). Les maires n'eurent d'autres sceaux que ceux de la commune.

LÉGENDE :

✠ SIGILLVM MAIORIS ET IVRATORVM de....
　　　　　　　　　　　(*V.* Sceaux de ville.)

MAIRIE (*Majoria*).

LÉGENDE :

✠ SIGILLVM MAIORIE de....　　　(*V.* Sceaux de ville.)

MAITRE (*Magister*). Nom anciennement donné à ceux qui enseignaient dans les écoles, aux recteurs, aux préfets de colléges, et à ceux aussi qui excellaient dans les arts et dans les sciences. C'est en ce sens qu'on a donné aux avocats, aux docteurs, aux magistrats et aux prêtres le titre de *maîtres*.

LÉGENDES :

✠ S'. MAGRI N.... DE N....

Des chanoines prenaient aussi la qualité de *maître*, quand ils étaient officiaux.

✠ S' MAGRI MATHEI DE ESSARTIS CANON' EBROICENSIS.
(1286. *Officialis curie Ebroic.*, dit le titre.)

MAJOR (*Maïeur, Maire*). Le maire n'avait jamais de sceau à son propre nom pour sceller les actes émanant de son autorité et de celle des échevins. Il se servait toujours du sceau de la commune, dont la légende variait suivant la composition municipale des localités.

LÉGENDE :

✠ S'. MAIORIS ET IVRATORVM DE....

(*V.* SCEAUX DE VILLE.)

MAJORATUS (*Majorat, Mairie*). (*V.* COMMUNE.)

MAJORIA (*Mairie*). (*V.* MAIRIE et COMMUNE.)

MALTHE (*Matière des sceaux*). Le malthe est une matière composée de poix, de cire, de plâtre et de graisse dont on fit quelquefois usage pour sceller.

MARCHIO ou **MARKIO, MARCHIS** (*V.* Marquis.)

MARQUIS (*Marchio, Markio*). Les marquis, officiers chargés de garder les frontières nommés *Marches*, de *marchœ* ou *marcœ*, furent créés par Charlemagne pour soulager les *comtes*, et l'on appela ces gouverneurs des pays de frontières *Marchiones* ou *Markiones*, *Marquis*.

Légende :

✠ SIGILLVM N.... DEI GRATIA COMITIS DE.... MARKIONIS PROVINCIE.

MATIÈRE DES SCEAUX. Les sceaux, en tant qu'instruments, ont été gravés sur toutes sortes de matière, telle que or, argent, cuivre, bronze, plomb, étain, ivoire, pierres précieuses, verres, etc.

Et comme empreintes, les sceaux ont employé également l'or, l'argent, le cuivre, le bronze, le plomb, l'étain, et de plus la craie, le malthe et la cire. *(V.* Chacun de ces mots.)

MÈRE-FOLLE DE DIJON (La) *(Mater stultorum).* Sous ce nom ou sous celui d'*Infanterie dijonnaise*, existait dans les États du duc Philippe le Long, avant 1454, une Société composée de joyeux et bons esprits.

Les lettres patentes expédiées aux associés étaient sur parchemin, écrites en lettres de trois couleurs et scellées d'un sceau rond représentant une femme assise, chaperon en tête et marotte en main, et ayant pour légende la devise :

STVLTORVM NVMERVS EST INFINITVS.

Il était attaché aux lettres avec un cordon de soie rouge, verte et jaune.

Du Tilliot, dans ses *Mémoires pour servir à l'Histoire de la Fête des Foux*, Lausanne et Genève, 1751, donne le dessin :

1° D'un sceau orbiculaire, en cire verte, qui était attaché aux lettres patentes accordées à Henri de Bourbon, prince de Condé, premier prince du sang, lorsqu'il fut reçu en la compagnie de la Mère-Folle de Dijon, en 1626 ;

2º D'un sceau également rond, mais en cire rouge, pendant aux lettres patentes de chevalier délivrées au même prince,

3º Et enfin d'un sceau-matrice de la Mère-Folle, en bronze, du cabinet de l'auteur.

MILES (*Chevalier*). La qualité de *miles* ne se montre sur les sceaux que vers le milieu du XIIᵉ siècle et les commencements du XIIIᵉ jusqu'au XIVᵉ siècle. (*V.* CHEVALIER.)

MILITES CHRISTI. (*V.* CHEVALIERS DU TEMPLE.)

MILITIA TEMPLI (*Milice du Temple*). (*V.* CHEVALIERS DU TEMPLE.)

MOINE (*Monachus*). Les moines pourvus d'office dans leurs communautés eurent des sceaux authentiques dès le XIIIᵉ siècle.

MONOGRAMMES. On trouvera parfois inscrits dans le champ d'un sceau une lettre isolée, un monogramme; l'un et l'autre désignent le nom de la personne à qui appartient le sceau : ainsi, sur celui de Blanche, femme de Philippe de Valois, on voit des B semés tout à l'entour; deux P se remarquent sur le sceau de Pierre d'Alençon. Les sceaux des XIVᵉ et XVᵉ siècles offrent souvent de ces exemples.

Les sceaux de communes, ceux des bourgeois et de quelques petits officiers publics, renferment souvent dans leur champ la lettre initiale de leur nom.

MULTIPLICITÉ DES SCEAUX. «On conserve au trésor royal, disent les Diplomatistes Bénédictins, une charte de l'an 1212, où Blanche, comtesse palatine de Troyes, déclare ses héritiers en présence des barons et des seigneurs de Champagne. La pièce est scellée de trente et un sceaux pendants, attachés avec des fils de soie rouge, blanche et verte, au bas et aux deux côtés du parchemin. Au-dessus de chaque trou par où passent les attaches, le nom de chaque seigneur dont le sceau est suspendu se trouve marqué par l'écrivain de la charte. »

Dans une commission délivrée par Jeanne, duchesse de Bretagne, à plusieurs prélats et barons, pour aller traiter en Angleterre de la délivrance de Charles de Blois, il est dit :

« Et en tesmoing desdites choses avons mis

nostre sceau a ces présentes lettres, et aussi nous les évêques de Saint-Brieuc, de Vennes, de Treguer; nous les chapitres de Dol, de Saint-Malo, de Rennes, en l'absence de nos évêques des lieux; nous les abbez de Sainct-Melaine de Rennes, de... etc. Nous Jehan, vicomte de Rohan; nous Thibault, sire de Rochefort, etc... Et nous les bourgeois et habitans des villes de Rennes, de Dinan, etc... Eüe delibération et advis sur lesdites choses, et nous y assentons et promettons avoir ferme et estable en tant comme nous pouvons... En tesmoing de ce, nous prélats, chapitres, barons et autres nobles, avons mis nos sceaux à ces lettres; et nous bourgeois et habitans desdites citez et villes à nostre requeste avons fait apposer à ces lettres les SCEAVX des contrats desdites villes. Cest traité par convocation fut fait à Dinan le 29ᵉ jour de novembre, l'an de grâce 1352. » (V. *Hist. de Bretagne*, par D. LOBINEAU, Preuves, col. 492-493.)

Ainsi, si l'on récapitule le nombre de sceaux qui ont dû être fixés à cet acte d'après les indications fournies ici, il serait de 3 évêques, 9 abbés, 1 prieur, 25 seigneurs au moins, 11 villes, et celui de la duchesse. — Le total sera de 50 sceaux !

La plainte des Bohémiens au Concile de Constance, en 1415, était munie de 350 sceaux! (*Heineccius*, p. 10.) (*V.* APPOSITION DE DIVERS SCEAUX.)

N

NETTOYAGE DES SCEAUX-TYPES. Quand on veut nettoyer un sceau-type qui a séjourné longtemps dans la terre ou dans l'eau, il faut y mettre assez de soin pour ne pas endommager et altérer en quoi que ce soit les figures et les lettres qui y sont gravées. La première chose à faire quand on veut procéder à un tel nettoyage, c'est d'employer d'abord l'eau pure avec une petite brosse rude, et si, après cette première opération, il restait dans les tailles des saletés ou quelque oxyde, on prendrait une pointe d'ivoire ou de cuivre qu'on passerait dans tous les traits de la gravure où il y a des corps étrangers. Et si le résultat de cette seconde opération n'était pas

encore satisfaisant, alors on ferait usage
d'une eau légèrement acidulée, dans laquelle
on tremperait la brosse rude, et on en frotte-
rait la face du sceau en variant les mouve-
ments, de manière à bien déterger les tailles
de la gravure. De temps en temps on trempe
le sceau dans de l'eau claire, pour s'assurer
de l'effet qu'on a pu obtenir. On revient aussi
à l'usage de la pointe, s'il y a lieu, puis on
refrotte tantôt à l'eau simple, tantôt à l'eau
acidulée, suivant l'urgence. Le sceau, une fois
nettoyé, est bien lavé; on l'essuie ou l'on le
chauffe un peu pour enlever toute humidité,
et l'on vérifie par des empreintes si le sceau
ne laisse plus rien qui embarrasse sa gravure.

Il faut bien se garder d'employer la pointe
d'acier pour fouiller dans les tailles, sans quoi
l'on s'expose à défigurer les traits par un
grattis ou des rayures qui se reproduiraient
sur les empreintes. Ce serait ôter à la gravure
l'expression qui lui est propre; elle perdrait
cette *fleur* que lui a donnée le burin de l'artiste.

NETTOYAGE DES SCEAUX DE CIRE. Ici,
comme on a affaire à une matière plus déli-

cate, il faut plus de précautions encore que
pour les sceaux-types, dont le métal ordinairement dur offre plus de résistance.

Il arrive souvent, lorsqu'on veut déchiffrer
des sceaux qui ont vécu plusieurs siècles au
milieu de la poussière des archives, qu'on
éprouve quelques difficultés parce qu'une
sorte d'enveloppe poudreuse dérobe tous
les détails de l'empreinte. Quand donc tous
les reliefs d'un sceau ont disparu sous des
couches de poussière, on peut sans inconvé-
nient faire usage d'une brosse à poils très-
doux pour dégager la poussière qui n'a pas
fait corps avec la cire. Si cette première opération ne suffit pas, en ce qu'il resterait une
couche qui fait crasse, on verse sur l'empreinte de l'eau pure et l'on frotte doucement
avec la brosse en décrivant des cercles; et
peu à peu l'on voit reparaître chaque trait de
l'empreinte. On recommande aussi pour le
même effet l'emploi d'une eau seconde. Quels
que soient les moyens dont on se serve, il
faut prendre de préférence ceux qui ne com-
promettent en rien l'existence du sceau.

Lorsqu'on brosse une empreinte à sec, il
faut éviter de frotter trop vivement, parce
qu'alors on échaufferait la cire, et les reliefs

disparaîtraient à mesure qu'on les dégage de la poussière : ce serait donc le cas où le remède serait pire que le mal.

NOTAIRES (*Notarii*, *Tabelliones*). Les notaires ou tabellions n'ont guère paru en France qu'au xiiᵉ siècle : ils devinrent communs dans les suivants. Il y en avait d'ecclésiastiques et de laïques.

Dès le commencement du xivᵉ siècle, ces notaires eurent des sceaux particuliers.

Ils faisaient usage auparavant de signets ou estampilles qu'ils trempaient dans l'encre pour marquer leur seing.

En 1319, Philippe le Long rend une ordonnance qui déclare de son domaine les greffes et tabellionnages. Charles VIII les sépare des offices de prévôts et de baillis, et les donne à ferme.

Les tabellions créés en titre d'office par l'édit de 1542, en 1597, Henri IV les réunit aux notaires; cependant le nom de tabellion reste aux officiers qui font l'office de notaires dans les seigneuries et justices subalternes.

Légendes :

✠ SEEL DV TABELL. DE....

✠ SCEL D. A. D. NOTT. R. D. TILLIER. O. DALINC. ÉDIT 1606.
Écusson royal couronné. (*De notre collect.*).

NOTAIRE APOSTOLIQUE (*Publicus aposto-lica et imperiali auctoritate Notarius.*) Les no-taires apostoliques et impériaux sont plus anciens que les notaires royaux ; on les trouve faisant fonctions d'officiers publics dès les XIe et XIIe siècles. Établis par les empereurs et les papes pour les villes de leur dépen-dance, vers la fin du XIIIe siècle, ils exercè-rent leur office dans presque tous les royaumes de l'Europe. Édouard II, roi d'Angleterre, cassa en 1320 tous les notaires impériaux qui y exerçaient. Charles VIII en fit autant en France, en 1490, et comprit dans son ordon-nance les notaires apostoliques, en défendant à tous ses sujets laïques de se servir, pour dresser leurs actes, de notaires apostoliques, impériaux et épiscopaux. Les uns et les autres avaient jusqu'alors instrumenté librement en France. Henri II créa quatre de ces derniers dans son royaume ; et Louis XIV en établit dans tous les diocèses de France, en 1691. (D. DE VAINES.)

Ils avaient au lieu de sceau une sorte de griffe qu'ils trempaient dans l'encre et apposaient au bas des actes; elle représentait tantôt des fleurs, tantôt des monogrammes, tantôt des figures allégoriques ou faisant allusion à leur nom, etc. Il arrivait aussi qu'à défaut de griffe ils historiaient leur signature à la plume. (*V.* Pl. vii.)

O

OBLIGATIONS (*Obligationes*). C'est le nom qu'on donne aux anciens contrats.

Légende :

SIGILLV OBLIGATIONV ECCE DE PRATO (Rothomagensi).
(*Collection* Bordeaux, *d'Evreux*.)

Le sceau des obligations était celui qui venait authentiquer tout acte par lequel deux ou plusieurs personnes s'engagent par-devant notaire de s'acquitter des choses portées par l'obligation. Il y avait un garde spécial du *Sceau des Obligations*, dans chaque juridiction de vicomtés.

Plusieurs églises et communautés religieuses avaient aussi leur sceau des obligations, à l'instar de ceux créés et établis dans les *vicomtés*.

OFFICIAL (*Officialis*). Les cours d'officialité, tribunaux ecclésiastiques créés vers la fin du XIIe siècle, eurent des officiers qui portaient le titre d'official. C'était plutôt l'officier de l'évêché que celui de l'évêque.

Pour être official, il fallait être pourvu par l'évêque prêtre séculier et gradué; nous en voyons beaucoup qui avaient la qualité de chanoine et d'official au XIIIe siècle.

C'est pour cette dernière distinction que l'official prend souvent le titre de *magister* dans les titres comme sur les sceaux.

Les officiaux eurent des sceaux qui leurs furent propres dès la fin du XIIIe siècle.

LÉGENDE :

✠ S' N.... OFFICIALIS CVRIE EBROICENSIS.

OFFICIALITÉ (*Curia officialitatis* ou *officialis*). Les cours d'officialité, tribunaux ecclésiastiques créés vers la fin du XIIe siècle, avaient des sceaux au XIIIe siècle.

Sceau ovale, représentant l'évêque assis la main levée aux trois doigts, ou crosse d'évêque avec étoile ou fleurs de lis aux côtés.

LÉGENDES :

✠ S'. CVRIE OFFICIALIS. Le nom de lieu, ou simplement :

✠ S'. CVRIE, avec le nom de lieu.

L'officialité d'Évreux, en 1239, avait un contre-sceau, et pour légende le mot EBROICEN (SIS), faisant la suite de la légende du sceau principal.

Et cet autre, également du XIIIᵉ siècle, avec cette légende :

✠ C' (Contra-sigillum) CVRIE EBROICENSIS.

« Les sceaux des officialités présentent aussi des caractères généraux; pendant les XIIᵉ, XIIIᵉ et XIVᵉ siècles, ils offrent presque exclusivement le buste de l'évêque ou un édifice; plus tard on n'y voit plus guère figurer que le blason de l'évêque. » (M. E. HUCHER, *Sigillographie du Maine.*)

OFFICIERS DE JUSTICE. Les lieutenants de bailli ou de vicomte usaient souvent pour leur office de leurs sceaux personnels. « *Donné soubz le seel dont nous usons audit office de lieutenant,* » lit-on dans les actes du xv⁰ siècle émanés de leur autorité. Leurs sceaux étaient ordinairement de petite dimension, contenant l'écu de leurs armes, avec leur nom et prénom pour légende :

PIERRE DVVAL. (Lieutenant général du bailli d'Evreux, 1456.) Petit sceau ovale pendant à une queue de parchemin; au centre un angelot tenant un écusson armorié. Légende en minuscule gothique.

OR (*Matière des sceaux*). On ne connaît point de sceaux d'or ou d'argent avant Charlemagne : c'est donc à ce monarque qu'il faut rapporter l'institution des sceaux d'or. Les princes s'en servaient surtout lorsqu'ils faisaient entre eux quelque traité d'alliance. Philippe-Auguste fit don aux religieuses de la Saussaye de tous ses sceaux d'or et d'argent; mais l'histoire, qui rapporte ce fait, ne dit pas si c'était les sceaux avec lesquels ce monarque scellait, ou bien, ce qui est plus probable, si c'était ceux qu'il recevait en telle matière.

ORDRE DE SAINT-DOMINIQUE. « Cet ordre a eu des sceaux dès son origine (1215). Celui de ce saint même le représente dans

l'habit de son ordre, sur un sceau en ogive,
avec son nom, dans la plus grande simplicité. » (D. DE VAINES.) (*V.* FRÈRES PRÊCHEURS.)

ORDRE DU SAINT-ESPRIT. Ordre militaire, institué en 1198, par Guido, fils de
Guillaume, seigneur de Montpellier, où il fit
bâtir un magnifique hôpital. Le pape Innocent III approuva cet ordre en 1199, et fit
venir à Rome Guido pour y établir un deuxième
hôpital. Il y avait de cette sorte un grand-
maître à Rome et un autre à Montpellier : l'un
et l'autre étaient desservis par des chevaliers
nobles.

LÉGENDE :

✠ SIGILLVM F. VIC. OR(DINIS) S. S. Sceau d'un frère-
vicaire de l'ordre du Saint-Esprit; forme ogivale,
représentant dans le champ une croix à double branche,
dite à douze pointes.

Dans d'autres sceaux de l'ordre, cette même
croix est surmontée d'un Saint-Esprit.

Ce sceau est du XIIIᵉ siècle.

Les armes de l'ordre du Saint-Esprit sont
une double croix blanche et pattée, que les
religieux portent au côté gauche sur un habit

noir. Il y a eu aussi l'ordre du Saint-Esprit, institué le premier jour de l'an 1579 par Henri III.

ORTHOGRAPHE. Une orthographe vicieuse tend beaucoup à obscurcir une légende.

Dans les inscriptions des sceaux, les noms de personnes et les noms de lieux s'y trouvent défigurés par des incorrections de tous genres.

Tantôt ce sont des lettres mises les unes pour les autres, comme : DALFINVS pour DALPHINVS; ADEN pour ADAM; BVISSVM pour BVISSON ; FRASINO pour FRAXINO ; DVPVNT pour DVPONT, etc.

Tantôt ce sont des lettres surabondantes, comme dans : AGNNETIS pour AGNETIS; CAAPRA pour CAPRA; THESZAVRARIE pour THESAVRARIE; HARCHIDIACONI pour ARCHIDIACONI, etc.

Ailleurs les mots pèchent par l'omission de certaines lettres, comme ceux-ci : CRISTIANI pour CHRISTIANI; PETI pour PETRI; BROQIGNI pour BROQVIGNI; TOVQE pour TOVQVE; FIL pour FILS, etc.

Ailleurs encore l'orthographe est si peu observée, que les mots dégénèrent en barba-

rismes, ainsi : CLERII est mis pour CLERICI ;
GVILLAIMI pour GVILLELMI ; AMARRICI pour
AMALRICI ; PEIRE pour PIERRE ; STRAMPHARVM
pour STAMPARVM ; GEFRÉ pour GEFROY ; POLINVS
pour PAVLINVS ; TRITAN pour TRISTAN, etc.

Quant aux solécismes, tels que : SANSONI
pour ŞAMSONIS ; ARCHIDIACONIS pour ARCHI-
DIACONI ; PETRIS pour PETRI, ils sont assez fréquents dans les inscriptions sigillaires.

Si des légendes latines on passe aux inscriptions en langue vulgaire, l'orthographe s'y
montre avec toutes les irrégularités de la pro-
nonciation des patois ; on trouve donc : YVREY
pour IVRY ; VICONTEY pour VICOMTÉ ; ROGIER
pour ROGER ; IOHAN pour JEHAN ; DAMIZIEL
pour DAMOISEL ; SAGEL, SAEL, SAIEL pour SCEL ;
DEY, DOV pour DV ; DEL pour DE ou DE LA, etc.

Ajoutez à ces diverses incorrections l'emploi
habituel de :

c pour **t**	*et vice versa.*	
i — **j**	—	
i — **y**	—	
v — **u**	—	
e — **æ, œ**	—	

et l'absence de tous signes orthographiques
et de la préposition DE, comme *le seel Johan,*

le fil Robert, etc., pour *le scel* DE *Jehan, le fils* DE *Robert*, etc., vous saurez ce qu'était l'orthographe du moyen âge, et vous ne vous obstinerez pas à trouver dans les mots que vous déchiffrerez l'orthographe de nos jours.

————

P

PAINS A CACHETER. A partir du milieu du XVIe siècle, on a substitué le pain à cacheter, rouge ou blanc, rarement noir, à la cire rouge ou verte ductile, dans les secrétariats des évêchés, des chapitres, des communautés et dans les petites chancelleries des tribunaux subalternes. (LE MOINE, *Diplomat. pratique.*)

PALATINUS (*Palatin*). (*V.* COMTE PALATIN.)

PALÉOGRAPHIE DES LÉGENDES. Les sceaux, considérés dans leurs légendes, sont de curieux monuments de paléographie. Sous ce rapport, nous avons cherché à en compléter l'étude par une série d'articles que l'on trouvera à leur ordre alphabétique. (*V.* Alphabets, Abréviations, Accord grammamical, Orthographe, Monogrammes, Sigles, Lettres conjointes, Lettres enclavées, retournées, couchées, Signes abréviatifs, Ponctuation, Indistinction de mots.)

PAPE (*Papa*, *Summus Pontifex*). L'évêque de Rome, le chef de l'Église catholique.

Dès le VIIe siècle, les papes avaient adopté les bulles de plomb pour leurs sceaux; ce métal n'a pas cessé depuis lors d'être employé dans la chancellerie romaine.

Depuis Urbain II (1087) jusqu'à Clément VII (1394), les bulles papales montrent d'un côté les images des deux saints apôtres, saint Pierre et saint Paul, avec leurs noms écrits tout au long, séparés par une croix, et sur l'autre face le nom du pape. Depuis Pie II (1458) exclusivement, les sigles qui, sur le premier côté, désignent les noms des deux apôtres, au lieu d'être en ligne horizontale, sont placés perpendiculairement sur deux colonnes; enfin les deux dernières lettres inférieures furent retranchées. On ne les voit plus paraître sur le sceau de Clément XI (1700).

Les légendes des sceaux des papes sont très-laconiques jusqu'à Léon IX, élu en 1048; elles ne portent que leur nom au premier côté et le titre de pape au second. On doit en excepter la bulle du pape *Deus dedit,* qui, d'un côté, représente le bon Pasteur, et Paul Ier (757), qui a introduit les images de saint Pierre et de saint Paul sur les bulles de plomb. Léon IX (1048) ne fut que le restaurateur de cet usage.

Sur les plus anciennes bulles, saint Pierre est représenté à la droite de saint Paul; mais, au moyen âge, la plupart des bulles placent saint Paul à la droite et saint Pierre à la gauche.

Léon IX est le premier, selon Heineccius, qui ait fait mettre des notes numérales sur les bulles pour distinguer le rang que tiennent entre eux les papes qui ont porté le même nom.

Le revers des sceaux pontificaux n'a pas toujours été uniforme. Une bulle de plomb de Victor II, siégeant en 1055, offre l'empreinte d'une personne à mi-corps, recevant une clef du ciel; et au revers la Ville de Rome figurée, avec l'exergue *Aurea Roma*. Étienne IX (939) est représenté en bon pasteur. Alexandre II, élu pape en 1061, est gravé au naturel : il est le premier pape qui se soit fait représenter sur son sceau. Clément V (1305) y mit cinq roses, qui étaient les armes de sa famille. Paul III (1534) s'y fait représenter sur un trône. La plupart de ses successeurs y mirent leurs armes.

Les lacs de soie qui tenaient les bulles de plomb étaient communément, vers la fin du XIIᵉ siècle, mi-partie de rouge et de jaune. Ces couleurs furent d'un usage assez constant, mais non pas sans exception. « Cependant, dit D. de Vaines, on devrait rejeter, depuis cette époque, une bulle en forme rigoureuse qui n'offrirait pas des cordelettes de chanvre ; et une bulle en forme gracieuse qui n'en aurait pas de soie, ou du moins de laine. Si, depuis le milieu du XIIIᵉ siècle jusqu'au XVIᵉ siècle, les lacs des bulles en forme gracieuse n'étaient pas mi-partie de rouge et de jaune, il y aurait quelque sujet de les suspecter. » (*Dictionn. de diplom.*)

Les papes ne scellaient pas seulement en plomb, ils employaient aussi la cire. (*V.* Anneau du Pêcheur.)

LÉGENDES :

✠ NICOLAI (sous-entendu *Bulla*). Sceau de plomp de Nicolas Ier (858); dans le centre, une sorte d'étoile à huit rais; au revers, on lit seulement le mot PAPAE ainsi disposé :

✠

PA
PAE

✠ PASCHALIS PAPA II, ainsi disposé :

PAS
CHALIS
PP. II.

Bulle de plomb de Pascal II, pape en 1098; au revers, on lit en chef :

SPASPE en lettres capitales tracées en ligne horizontale; au-dessous sont les têtes de saint Pierre et de saint Paul, entourées d'un nimbe figuré par des points; une croix à longue tige sépare ces deux figures. Plomb; forme orbiculaire.

✠ SIGILLVM DOMINI PAPE.

Et pour revers :

✠ IN COMITATV VENAYSINI. Sceau du pape dans le comté Venaissin (1371). Sur le premier côté, la tête du pape, et au revers, les clefs de l'Eglise romaine passées en sautoir. Légendes circulaires en écriture majuscule gothique.

ALE|XANDER | PP. (*Papa*) IIII (1254). Inscription en lettres onciales, divisée en trois lignes et encadrée d'un grènetis circulaire. — Au revers on lit en chef :

SPASPE (*Sanctus Paulus, Sanctus Petrus*). Au-dessous, les têtes de saint Paul et de saint Pierre, séparées par une croix. Bulle de plomb (1254). (*V.* PL. IV.)

PARLEMENT (*Parlamentum, Curia parliamenti, Senatus supremus, Curia suprema*). Cour souveraine établie par nos rois pour rendre la justice à leurs sujets. Cette cour à sa naissance était l'assemblée des princes, des officiers de la couronne et des grands seigneurs du royaume, qui rendaient la justice au nom du roi, deux au trois fois l'année, en un lieu que le monarque désignait lui-même.

Le nom de parlement (*parliamentum*) donné à cette réunion ne date que du milieu du XIIIe siècle.

En 1302, Philippe le Bel rendit cette assemblée sédentaire à Paris.

Les rois créèrent plusieurs parlements. On en comptait quatorze en 1789, dont voici les noms et les dates :

Paris...........	1302	Rennes........	1553
Toulouse......	1302	Pau..........	1620
Grenoble......	1451	Metz.........	1633
Bordeaux.	1462	Douai........	1686
Dijon.........	1476	Besançon......	1676
Rouen...	1499-1515	Trévoux.......	1762
Aix..........	1501	Nancy........	1775

« Les cours souveraines des provinces eurent leurs sceaux particuliers avant l'extinction des grands fiefs. » (D. DE VAINES.)

Les arrêts rendus par cette cour souveraine furent anciennement scellés du sceau de majesté de nos rois.

Cependant le parlement avait un cachet ou signet particulier sous le règne de Philippe de Valois (1342); mais ce sceau n'était que pour les affaires particulières du parlement.

A la fin du XVᵉ siècle, des chancelleries particulières s'établirent près des parlements du royaume. (*V.* CHANCELLERIE.)

LÉGENDES :

✠ SIGILLVM CVRIE PARLAMENTI de....

✠ SIGILLVM MAGNVM CVRIE DVCIS N····

✠ CONTRASIGILLVM CVRIE····

Les sceaux des cours souveraines portaient généralement les armes royales ou du seigneur au nom duquel la justice était rendue.

PITENCIARIA (*Pitencerie*). Lieu où l'on tenait la *pitance*, ou portion qu'on donne à chaque religieux pour son repas. On désigne aussi par ce mot la fonction du pitancier, de celui qui était chargé de distribuer la pitance aux religieux. Nous voyons au xive siècle le pitancier de Saint-Germain des Prés avoir un sceau sur lequel était gravée la légende suivante :

✠ S¹ PITENCIARIE SCI GERMANI DE PRATIS JUSTA (*juxta*) PAR(ISIOS). Sceau en ogive représentant un religieux debout, la tête nue, tenant de la main droite un couteau, et de la gauche un poisson; au-dessous, fleurs de lis à droite, une rosette à gauche; sous les pieds du pitancier, un écusson chargé d'une bouteille surmontée de deux pains, et bordée de deux fleurs de lis posées 3, 2, 1. (*Diplomatiq. des Bénédict.*)

PLOMB (*Matière des sceaux*). De tous les métaux à sceller, le plomb est celui qui a été d'un plus grand usage.

Cette matière pour les sceaux remonte aux premiers siècles de notre ère et descend jusqu'aux derniers.

Les empereurs grecs et latins se sont servis de bulles de plomb; les papes, des évêques et quelques abbés également; mais on ne connaît aucun de nos souverains de la troisième race qui ait employé le plomb pour sceller.

Ce mode de sceller en plomb se reconnaît dans les titres, en l'absence du sceau, par la formule de *Subter plumbum sigillari fecimus*, ou tout autre équivalente. (*V.* Bulle, Coin bullaire.)

PONCTUATION. Dans les légendes des sceaux mérovingiens on ne voit nul point entre les mots. Sous les rois de la deuxième race le point s'y montre à la fin de l'inscription circulaire et après les sigles : ce ne fut que plus tard qu'on vit tous les mots d'une légende séparés par des points, un, deux ou trois. Aux XIᵉ et XIIᵉ siècles il se trouve encore des légendes sans aucune ponctuation, bien que chaque mot soit séparé par un espace (*V.* Indistinction de Mots). Des graveurs distraits ou ignorants ont souvent séparé par un point les lettres d'un même mot, ou bien par des espaces inégaux ont rapproché les dernières lettres d'un mot avec les premières du mot suivant. Il n'en faut pas davantage pour jeter de l'obscurité dans une inscription.

POUCE. On trouve des sceaux de cire qui portent sur l'averse partie la marque d'un pouce, qu'on a regardé comme un moyen de contre-sigillation.

Le diplomatiste le Moine prétend que les marques de pouce, enfoncées un peu plus qu'à fleur dans l'envers d'un grand sceau de cire encore fraîche et molle, servirent quelquefois de contre-scels; que le nombre de ces enfoncements ne fut point arbitraire, et que le sceau de Thomas de Bourlemont, évêque de Toul, de l'an 1331, portant au revers cinq cavités, offre un des plus anciens contre-scels de cette nouvelle espèce. Pour prouver que ces marques de pouce n'étaient point arbitraires, il rapporte trois sceaux pendants à un même acte, dont le plus honorable porte en forme de contre-scel deux empreintes de pouce; celui qui le suit dans l'ordre de dignité n'en offre qu'une, et le troisième, qui est d'un prieur conventuel, n'en porte aucune.

A moins qu'il ne soit fait mention de ce genre de contre-scel dans l'acte où pendent de tels sceaux, nous croyons tout simplement que la marque de pouce sur certains sceaux n'est que l'indice de l'emploi de sceaux-matrices plats, sans queue ou poignée, et sur lesquels le sigillateur, en mettant la cire, appuyait son pouce pour lui faire mieux prendre l'empreinte du sceau-type, surtout quand celui-ci offrait un dessin profondément gravé dans le champ.

PRÉSIDIAL (*Curia presidialis*). Juridiction instituée en 1557, et dont les juges peuvent juger en matière civile jusqu'à 250 liv., et 10 liv. de rente par provision, nonobstant appel.

Le présidial a remplacé le bailliage dans certaines villes; mais on a conservé le souvenir de cette ancienne juridiction par la dénomination de *Bailliage et Siége présidial*.

LÉGENDE :

✠ SEEL DU PRÉSIDIAL DE ... (Nom de lieu). Dans le champ écusson aux trois fleurs de lis.

PRÉVOT (*Prepositus*). (*V.* PRÉVOTÉ.)

PRÉVOT DE CATHÉDRALE. Les prévôts des églises cathédrales n'avaient point de sceaux authentiques propres, jusqu'à ce que les exemptions des chanoines en aient fait un corps séparé du chef. (MABILLON, *De re diplom.*, p. 147.)

D. Vaissette, dans son *Histoire du Languedoc*, t. V, pl. I, n° 20, donne la représentation d'un sceau d'Adémar (*de Capreolis*), prévôt de l'église de Maguelone, pendant à un acte de 1292.

Forme ovale, personnage debout, vêtu d'une longue robe à larges manches, coiffé d'un bonnet rond, tenant de la main droite deux grandes clefs adossées, et pour légende :

✠ S'ADSEMARII *(sic)* : PREPOSITI : MAGALONE.

et d'un autre également ovale, pendant aussi à un acte de 1292, représentant le martyre de saint Étienne, et au-dessous, sous un arc plein cintre, est un petit personnage à genoux. La légende commence sur le contre-sceau, qui est rond, et porte dans son centre une croix pattée et pommetée de douze, et commence ainsi :

✠ SIGILVM : DE : INSVLA, et continue sur le sceau.

PREPOSITI A.... *(effacé)* THOLOSANE.

(Bertrand de Lille-Jourdain, prévôt de l'église de Toulouse.)

PRÉVOTÉ (*Prepositura*). Nom qu'on donnait à la juridiction du prévôt, qui était un juge royal établi en plusieurs villes pour connaître des causes entre les habitants non privilégiés.

Les sceaux des prévôtés se chargeaient souvent des armes des localités qu'ils représentaient : ainsi nous lisons, au bas d'un acte en parchemin de l'année 1491 : « *Et scellé du grant sceau de la prévosté de Tours, aux armes ordinaires de ladite ville,* » qui sont des tours surmontées de trois fleurs de lis ; autour duquel sceau est cette légende :

✠ SIGILLVM PREPOSITVRE TVRONENSIS. « *Scellé en cire verte.* »

Il y avait comme on voit le grand et le petit sceau de la prévôté avec contre-scel.

LÉGENDES :

✠ S¹. PREPOSITVRE DE N....

✠ S¹. RADVLFI : PREPOSITI DE N....

✠ SEL DE LA PREVosté ET Ville De Paris. Forme orbiculaire ; sceau plaqué en cire rouge entre deux papiers, fixé à un acte de 1679. Dans le champ, une nef, et un semé de France en chef.

✠ 9TRASigillum PREPOSITVRE PARisiensis. Contre-sceau de la prévôté de Paris, chargé de l'écu de France.

PRIEUR (*Prior*). Chef d'une communauté ecclésiastique.

Les prieurs scellaient en leur nom ou au

nom du prieur seul, ou avec leur titre seul.
Voici le sceau d'un prieur de Saint-Gilles,
sans nom personnel; il était attaché à un titre
de 1265.

✠ SIGILLVM . PRIORIS . SANCTI . EGIDII . Dans le champ,
un agneau pascal; — forme orbiculaire; capitales gothiques. (V. *Hist. du Languedoc*, t. V, pl. I, nº 26.)

Les prieurs, comme les évêques, les abbés
et autres ecclésiastiques, sont ordinairement
représentés debout avec les marques de leur
dignité. Leurs sceaux sont de forme ovale ou
ogivale.

D. Mabillon place l'origine des prieurs
vers le milieu du xɪᵉ siècle.

PRIEURE (*Priorissa*). Supérieure d'une
communauté religieuse érigée en prieuré.

Nous trouvons ce titre encore employé au
xvɪɪᵉ siècle sur le sceau de l'ancien hôpital
d'Andely.

LÉGENDE :

✠ PRIORISSA HOSPITALIS Bᵀᴵ IACOBI ANDELIENSIS 1644.
Sceau de forme ovale, plaqué, entre deux papiers, avec
cire rouge. — Dans le champ, saint Jacques debout, à tête
auréolée, tenant d'une main son bourdon, et de l'autre un
livre ouvert, accosté, à dextre et à sénestre, d'une fleur
de lis.

PRIEURÉ, PRIORÉ (*Prioratus*). Communauté monastique qui a pour chef un prieur.
D. Mabillon fait remonter l'origine des prieurés jusqu'à saint Colomban, en 590. Ce qui
est certain, c'est que le nom de prieuré (*prioratus*) n'a paru qu'au XIe siècle. Avant l'an
1000 les prieurés n'étaient connus que sous
les noms de *Cellæ, Cellulæ, Abbatiolæ, Ecclesiæ*. Ce n'étaient primitivement que des églises
de campagne. On envoyait des moines pour
desservir celles de leur dépendance ; mais la
nécessité de secourir les fidèles dans les besoins spirituels les retint d'abord quelques
jours, puis peu à peu les y fixa tout à fait :
c'est là l'origine des prieurés, qui, selon quelques auteurs, ne datent que du commencement du IXe siècle.

Les prieurés érigés en titre (on dit qu'ils
ne l'étaient pas encore au XIIIe siècle) donnèrent droit de sceau.

Ils prirent la forme ovale ou ogivale, et
ordinairement l'image du saint patron.

Légende :

SIGILLVM PRIORATVS DE N.... (XIIIe s.)

———

7.

Q

QUEUE. Bande de parchemin servant à rattacher le sceau à la charte.

On scellait en simple queue quand la bande était prise à même le titre, et en double queue lorsque celle-ci consistait en une lanière de parchemin, traversant l'acte dans sa partie inférieure pour se rejoindre aux deux extrémités dans la cire du sceau.

On ne scellait en simple queue que les actes courants et d'un intérêt momentané.

Les attaches des sceaux pour les commissions du conseil et autres lettres royaux de moindre importance étaient aussi formées d'une bandelette de parchemin du bas de la pièce originale. On n'appliquait sur ces attaches que des petits sceaux ou scels annulaires. Ces queues, simples ou doubles, pouvaient recevoir un contre-scel. Ce n'est guère que vers le milieu du XIIIe siècle que l'on a inventé cette manière de sceller. (V. ATTACHES, LEMNISQUES.)

R

RÉBUS. Emblèmes parlants. « Beaucoup de petits sceaux de bourgeois, de sergents et de gens de métiers, que nous ne connaissons que par leur matrice, offrent dans le champ, en guise d'armoiries, un rébus plus ou moins spirituel. » (*V*. E. HUCHER, *Sigill. du Maine.*)

RECTOR (*Curé*). (*V*. ce mot.)

RÉGENTS. On ne connaît point de régents du royaume sous la seconde race qui aient eu un sceau particulier. Sous la troisième race, les régents scellèrent d'abord avec le sceau de la couronne; dans la suite ils se servirent de sceaux particuliers pour l'exercice de leur autorité. (D. DE VAINES.)

RELICTA (*Veuve*). (*V*. ce mot.)

ROI (*Rex*, et par extension *Imperator*). Les premiers rois de France, suivant l'exemple des empereurs romains, scellèrent d'abord avec des anneaux. Celui de Pepin représentait Bacchus, et celui de Charlemagne, Jupiter Sérapis. Ces deux princes, ainsi que leurs successeurs, avaient en outre des sceaux qui portaient leur image, tantôt en buste, tantôt en pied.

Hugues Capet et tous ses successeurs ont porté la couronne terminée par des fleurs de lis.

Depuis Henri Ier inclusivement, tous nos rois sont représentés assis sur des trônes : c'est ce qu'on appelle le grand sceau royal, le sceau de majesté.

Louis le Jeune passe pour le premier des rois de France qui ait fait usage d'un sceau de cire à double empreinte.

Le premier sceau qui montre l'écusson royal chargé de trois fleurs de lis est le contre-scel de Philippe le Hardi (1285).

Philippe le Valois est le premier roi qui ait pris deux anges pour support des armes de France.

Excepté les bulles de métal, auxquelles les empereurs et les rois carlovingiens donnèrent la forme orbiculaire, l'ovale fut presque toujours celle de leurs sceaux de cire et de mastic. Jusqu'à Louis III, roi de Germanie, inclusivement, ils se servirent toujours pour légende de la formule :

X̄P̄E (Christe) PROTEGE, etc., ou X̄P̄E ADIVVA....

Les figures des sceaux carlovingiens sont en général plus grandes et de meilleur dessin que celles des sceaux mérovingiens.

Si les rois, sur leur sceau, se montrent quelquefois à cheval, ce n'est qu'en qualité de ducs, de comte et de souverains des provinces non réunies ou données en apanage.

Le nombre destiné à marquer le rang d'un roi entre les autres du même nom paraît pour la première fois, non pas, comme on l'a dit, sur un sceau de François Ier, mais sur celui de Louis XII, dont la légende est ainsi :

✠ LVDOVICVS . DEI . GRACIA . FRANCORVM . REX . DVO-
DECIMVS.

Les rois mérovingiens ajoutaient à leur nom le titre de Rois des Francs (REX FRAN-CORUM).

Les carlovingiens firent usage sur leurs sceaux de la formule D̄Ī ḠRA (*Dei gratiâ*).

Clovis, Pepin, Robert et autres rois de la seconde et troisième race employèrent les titres d'IMPERATOR AUGUSTUS.

LÉGENDES :

✠ XPE PROTEGE CAROLVM REGE FRANCOR'. (Charlemagne.)

✠ XPE PROTEGE CAROLVM IMPERATOREM. (*Id.*)

✠ XPE ADIVVA HLOTHARIVM AVG. (Lothaire.)

✠ LOTHARIVS. (Lothaire le Jeune.)

✠ KAROLVS MISERICORDIA DI IMPERATOR AVG. (Charles le Chauve.)

✠ KAROLVS GRA DI REX. (Charles le Simple.)

✠ SIGILLV(M) KAROLI DEI GRACIA FRANCORV(M) REGIS IN ABSENTIA MAGNI ORDINATV(M). Grand sceau de majesté de Charles VII (v. 1422); écriture minuscule gothique. Contre-scel sans légende.

✠ LVDOVICVS : DEI : GRACIA : FRANCORVM ET NAVARRE REX. Grand sceau de majesté de Louis X (1315); écriture majuscule gothique. Contre-sceau sans légende.

Les inscriptions des sceaux royaux de la troisième race sont plus uniformes que celles de la seconde, excepté le sceau de Hugues Capet, qui porte :

✠ HVGO DEI MISERICORDIA FRANCORVM REX.

Il faut, comme le remarquent les diplomatistes, que les premiers rois carlovingiens aient eu plusieurs sceaux, puisque tantôt on voit des légendes sur ceux qui nous en restent, et tantôt on n'y en trouve point ; tantôt on en lit une, et tantôt une autre pour le même prince. (*V.* SCEAUX ROYAUX.)

S

SACERDOS (*Curé*). (*V.* ce mot.)

SACRISTAIN (*Sacrista*). Officier ecclésiastique dans plusieurs cathédrales, collégiales et abbayes.

Le *Bulletin de la Société de Sphragistique* donne un sceau du sacristain de l'abbaye de Cluny, dont la légende est ainsi exprimée en capitales romaines :

SIG'. SAC'. ABB'. CLVNIAC'. Dans le champ est un écu aux armes de l'abbaye, ou plutôt de l'ordre de Cluny, c'est-à-dire les deux clefs de saint Pierre en sautoir et l'épée de saint Paul en pal. Ce sceau, de forme orbiculaire, est de la première moitié du XVII° siècle,

SCABINUS (*Échevin*).

✠ SIGILLVM MAIORIS ET SCABINORVM. (*Nomen loci.*)

(*V.* Sceaux de ville.)

SCEAU (*Sigillum*). On entend généralement par *Sceau* l'instrument à face gravée,
de forme ronde, ovale ou toute autre, muni
d'un anneau ou d'une poignée, servant à
faire une empreinte sur la cire ou sur une
pâte quelconque. Fixer cette empreinte à un
acte, c'est ce qu'on appelle *sceller*. Mais, par
extension, le nom de l'instrument est passé
aux empreintes elles-mêmes, qui furent également appelées *sceaux* : de là la distinction
en *sceaux-matrices* et en *sceaux-empreintes*.
(*V.* chacun de ces mots.)

L'usage des sceaux remonte à la plus haute
antiquité; mais les sceaux n'étaient pas alors
ce qu'ils furent depuis dans la plus grande
portion du moyen âge. C'étaient des anneaux
dont le chaton contenait une pierre gravée
en creux et propre à faire des empreintes. Il
est fait mention de ces anneaux dans l'Écriture au chapitre xiv de Daniel, où il est dit
que Darius fit mettre son sceau sur le temple

de Bel. Jézabel se servit du sceau d'Achab au bas de lettres supposées qu'elle écrivit au nom de ce roi d'Israël. « *Scripsit itaque litteras nomine Achab, et signavit eas annulo ejus, et misit ad majores natu et optimates qui erant in civitate ejus et habitabant cum Naboth.* » (REG., lib. III, cap. XXI, vers. 8.) Les Egyptiens avaient aussi des sceaux-anneaux gravés de même sur des pierres précieuses. De l'Orient l'usage de sceller passa chez les Grecs, et de là chez les Romains, qui l'apportèrent dans les Gaules. Cicéron, écrivant à son frère Quintus, nommé gouverneur d'Asie, lui dit : « *Que votre sceau ne soit pas comme un vase qu'on abandonne à tout usage ; qu'on ait pour lui le même respect et le même ménagement que pour votre personne ; qu'il soit le témoin fidèle de votre volonté, mais non le vil instrument de celle d'autrui.* » — « *Sit annulus tuus non ut vas aliquod, sed tanquam ipse tu ; non minister alienæ voluntatis, sed testis tuæ.* » Valentius, secrétaire de Verrès, reçoit une lettre d'Agrigente ; Verrès, qui remarque par hasard sur la craie l'empreinte du cachet, le trouve beau, demande d'où vient la lettre, on le lui apprend. Il écrit à ses correspondants ordinaires de lui envoyer incessamment cet an-

neau-cachet. L'ordre est exécuté : on l'arrache
du doigt de L. Titius, père de famille et ci-
toyen romain. (*V.* le Discours de Cicéron
contre Verrès.) Pline, dans sa XVIᵉ Lettre à
l'empereur Trajan, dit en parlant d'un objet
qu'il lui envoie : « *Je l'ai scellé de mon cachet,*
dont l'empreinte est un charriot à quatre che-
vaux. » — « *Signata est* annulo *meo, cujus est*
aposphragisma quadriga. » (*V.* ANNEAUX SI-
GILLAIRES.)

Aux sceaux-anneaux des anciens succé-
dèrent au moyen âge les sceaux à plaque
métallique, autre instrument à sceller. (*V.*
SCEAUX-MATRICES.)

Les empreintes fournies par ces instruments ont servi à sceller et à authentiquer
des écrits. On comprend de quelle utilité devait être l'emploi des sceaux surtout pour
beaucoup de gens qui ne savaient ni lire
ni écrire. Cela est tellement vrai que nous
voyons encore au XVᵉ siècle une foule de
gentilshommes qui avouent ne savoir écrire.
« *Mais pour ce que ne savions escripre et que de*
présent ne avons nuls seeaux, nous avons prié
messire Jehan de Malestroit et Loys de Rufflay
de y mettre pour nous leurs seeaux, » disent

les chevaliers et écuyers de Bretagne dans leurs serments de fidélité faits à leur duc en 1437. (D. Lobineau, *Histoire de Bretagne*.) (*V.* Sceller.)

Les *sceaux-empreintes* tenaient donc lieu de témoins et de signatures. Les plus anciens étaient appliqués sur les actes mêmes ; ensuite on les a suspendus et attachés ou par des lemnisques ou cordons aux titres. (*V.* Sceau pendant.)

Les sceaux étaient de différentes matières. On a employé l'or, l'argent, l'étain, le plomb ; la cire a été la matière la plus ordinaire des sceaux. Elle prenait différentes couleurs selon certains usages, selon certaines conventions.

Les rois, les ducs, les comtes, les papes, les évêques, les abbés, les monastères, les églises cathédrales, les petits seigneurs, les bourgeois, les artisans, les dames, les communautés, les villes, etc., avaient leurs sceaux particuliers. Ce Dictionnaire rappelle dans leur ordre alphabétique les caractères distinctifs de chacun de ces sceaux. (*V.*, en outre, Matière des Sceaux ; Forme des Sceaux ; Couleurs des Sceaux ; Grandeur des Sceaux ; Sceaux plaqués ; Sceau pendant.)

SCEAU (LE GRAND) (*Sigillum Magnum*) était celui qu'employaient pour certains actes les souverains, les grands feudataires, les évêques, les communautés, les tribunaux, les villes, les églises cathédrales, etc.

On nomme encore le Grand Sceau (*Grossum Sigillum*) le sceau public, le sceau authentique et le sceau pendant.

SCEAU (LE PETIT) (*Sigillum Parvum*). Celui dont se servaient les souverains, les grands feudataires, les évêques, les communautés, les églises cathédrales, les tribunaux, les villes, etc., pour les actes de peu d'importance.

Le *petit sceau* est aussi celui des chancelleries des parlements. Celui des présidiaux est plus petit, et celui des justices inférieures l'est encore davantage.

SCEAU AUTHENTIQUE (*Sigillum authenticum*). C'est ainsi qu'on appelait le *sceau pendant* dont on scelait les *lettres patentes*. Le sceau authentique était un sceau public, et il n'était pas permis de le remplacer par un sceau particulier. C'est ce que confirme le passage d'un arrêt du 5 octobre 1394 contre les chanoines de Lyon, cité par du Cange, où il est dit :

« *Et esto, quod sub suo sigillo secreto illud conficere potuissent, non tamen sub sigillo secreto, sed sub* authentico, vel publico. »

Une charte de Henri de Vergy, sénéchal de Bourgogne de l'an 1246 vient encore reconnaître cette obligation en ces termes :

« *Quia aliud sigillum non habebam, contra-sigillo meo, quo utebar pro sigillo, presentes litteras feci sigillari, promittens per prestitum juramentum, quod quotiescumque* sigillum authenticum *habuero, presentes litteras vel similes de* ipso *faciam sigillari.* » (*V.* DU CANGE.)

SCEAU DAUPHIN (LE GRAND) était celui qui était réservé à sceller les expéditions concernant la province du Dauphiné.

SCEAU DE MAJESTÉ (*Sigillum Majestatis*). Il représente l'empereur ou le prince assis sur un trône et revêtu des insignes de la souveraineté. Henri Ier, roi de France, est le premier qui s'en soit servi.

Les sceaux de majesté ont atteint en dimension jusqu'à douze centimètres de diamètre. (*V.* SCEAUX ROYAUX.)

SCEAU PENDANT (*Sigillum pendens, pensile*) était employé pour les actes d'une certaine importance, qu'on appelait pour cette raison : *Chartes pendans, lettres pendans.*

Dans le xive siècle on appelait aussi *sceaux pendans* ceux qui sont suspendus aux chartes par des lacs de soie, de fil, de ruban, ou des attaches de cuir, de corde ou de parchemin. Ils n'ont commencé à être d'usage que vers le xie siècle, et dès le viie pour les papes. Les actes font quelquefois mention de cette disposition du sceau : « *Hanc cartam sigillo meo subtùs pendenti confirmavi.* »

Ce ne fut guère que vers la fin du xiie siècle que l'usage des *sceaux pendans* fut régulièrement adopté, car auparavant ils étaient plaqués.

SCEAU-TYPE (*Sigillum signatorium*). L'instrument sigillaire qui vient succéder aux anneaux-cachets des anciens est le sceau-type désigné dans les titres latins du moyen âge par le mot *sigillum*. Il se composait d'une plaque de métal, or, argent ou cuivre, présentant une face gravée en creux, et l'autre munie d'un petit anneau ou d'une poignée : cette dernière était tantôt fixe, tantôt à charnière. (*V.* Pl. xvi.) Cet instrument à sceller ne commence à se montrer que vers le xe siècle. Il concourt avec les anneaux-cachets à la validation des actes jusqu'au xie siècle, époque où il reste seul en possession de *sceller* jusqu'aux derniers temps du moyen âge.

Ce sceau-type, qui n'est plus circonscrit dans l'étroit chaton d'une bague, acquiert sous les inspirations de l'artiste graveur des développements tels qu'il présente, pour les sceaux ronds des monarques, des grands seigneurs et des villes, jusqu'à douze centimètres de diamètre. On peut avoir par les planches jointes à cet ouvrage un aperçu des figures et des inscriptions dont on chargeait cet instrument de fournir les empreintes.

SCEAUX ANÉANTIS. Il était d'usage, quand un prince, un prélat ou un chevalier mourait, de briser son sceau-type ou de l'enfermer dans son tombeau, afin d'éviter l'abus qu'on eût pu en faire.

Ainsi voyons-nous le châtelain de Coucy, grièvement blessé en terre sainte, et sur le point de mourir, jeter son sceau à la mer, après avoir scellé la lettre d'adieu qu'il adresse à la dame de ses pensées, la dame de Fayel.

> « La lettre fist escrire ainsy
>
> . . . .
>
> Lors l'a ploié et *seellée*
>
> Et puis, sans faire demourée,
>
> Son *seel* geta en la mere. »

A la déposition d'un abbé on brisait son scel en plein chapitre, comme le témoigne ce récit de Mathieu Paris, à la date de 1214.

> « Illis diebus per prædictum legatum depositus est Radulfus de Arundel, abbas Westmonasteriensis, in crastino sancti Vincentii, per N. Abbatem de Westhan, missum ex parte legati, *fracto illius sigillo* in capitulo. »

Mathieu de Westminster rapporte le même fait.

Les mêmes précautions étaient observées lorsqu'un pape était décédé. Le vice-chancelier prenait les bulles et les sceaux, et les faisait raturer et rompre publiquement.

Le sceau de Childéric fut enfermé dans son tombeau. (*V.* SCEAUX PERDUS.)

SCEAUX BURLESQUES. Il n'était pas jusqu'aux sociétés joyeuses, satiriques ou burlesques qui n'aient voulu avoir leur sceau, tant pour authentiquer les actes émanés de leur autorité, que pour sceller les brevets des membres qu'elles admettaient dans leur sein.

Puisque nous avons fait connaître les sceaux de la *Mère-Folle de Dijon*, nous ne voulons pas omettre de parler ici du sceau particulier des *Conards de Rouen*, Société joyeuse du XVIe siècle, dont le chef prenait le titre d'abbé. C'était au nom de ce dernier que se scellaient les actes de la confrérie, comme en font foi d'abord ces vers ci-dessous, en réponse à une requête des Conards présentée au lieutenant du bailli de Rouen, pour obtenir le privilége d'imprimer le recueil des actes de ladite Société :

> « *Veue par nous des Conards la requeste*
> *Avons permis, voulu et accordé*
> *Faire imprimer, sans faire autre enqueste*
> *Leurs faits et dits, comme il est recordé.*
> *Et outre avons le tout bien regardé*
> *E(x)pressemend enjoint et deffendu*
> *A toutes gens qu'il en soit nul vendu*
> *Sinon de ceux cachetez du cachet*
> *Du Père Abbé. Ce point bien entendu*
> *Sur peine à eux de passer le guichet.*
> *Ainsi signé..... »*

> (V. les *Triomphes de l'Abbaye des Conards.*
> Rouen, Nic. DVGORD, 1587.)

8

Et ensuite le joli sceau-matrice conservé dans la collection de M. Barabé, ancien archiviste de la Seine-Inférieure.

Ce sceau, de forme orbiculaire, de quatre centimètres de diamètre, représente un abbé mitré, à la mine rebondie, assis dans un fauteuil, tenant de la main gauche une crosse et de la droite un gigot de mouton, et accosté, à dextre et à senestre, d'une bouteille à grosse panse, munie de sa cordelette; le tout ceint d'un cordon perlé, sans légende.

Le *régiment de la Calotte*, société satirique du XVIIIe siècle, avait aussi son sceau, comme l'atteste entre autres cette formule de sigillation exprimée au bas du « brevet de lieutenant général des auxiliaires de la Calotte en Espagne, délivré au sieur de Welande, officier des gardes vallonnes » :

« *Et pour assurer de notre volonté, nous avons signé les présentes et fait apposer le* sceau de nos armes, *et contresigné par Marets, secrétaire de nos commandants* (sic). »

Et dans le brevet de garde des sceaux donné à M. d'Argenson, la société calotine dit :

« Donnons audit garde des sceaux
Trente mille livres de rente

Sur la vapeur qui sortira
De la cire qu'on chuufera
Pour sceller édit et patente, » etc.

Et encore dans le brevet de greffier plumitif pour le sieur Legr..., on lit cette déclaration :

« *Au pardessus lui faisons don*
De notre calotte de plomb,
De finette en dedans fourrée,
Et de notre grand sceau timbré,
Avec les grelots de laiton.
Signé Torsac et moi Aimon. »

Les armes du régiment de la Calotte, telles qu'elles se voient sur la belle médaille grand bronze exécutée pour les membres de la société, se composent « *d'un écusson d'or, au chef de sable, chargé d'une lune d'argent et de deux croissants opposez de même métal; — l'écusson chargé en pal du sceptre de Momus et semé de papillons sans nombre de différentes couleurs; — l'écu timbré d'une calotte à oreillons, dont l'une est retroussée et l'autre abaissée; — le fronton de cette calotte orné de sonnettes et de grelots indifféremment attachés pour marquer la hiérarchie du régiment; — pour cimier un rat passant, surmonté d'une girouette, pour en marquer la solidité; — pour support desdites armes, deux singes, ce qui dénote l'innocence et la simplicité, et deux cornes d'abondance en lambrequins, d'où sortent des brouillards sur lesquels sont assignées les pensions du régiment.* » (V. *Mémoires pour servir à l'histoire de la Calotte.*)

On peut ranger au nombre des sceaux burlesques ceux de quelques particuliers qui ont affecté d'y représenter des figures drôlatiques, des rébus facétieux, etc. : tel est le sceau d'un moine de Saint-Germain d'Auxerre, cité et représenté dans l'*Histoire du Blason,* par M. Eysenbach. Il est de forme ogivale, et représente « un singe encapuchonné et accosté de deux étoiles, tenant d'une main un bâton, et de l'autre se serrant la partie postérieure du corps jusqu'au bas du dos. » *En l'air,* au-dessus du singe, est un croissant surmonté d'une étoile, et ce sceau a pour légende en capitales romano-gothiques :

✠ S'. G. DE MVNOIS MOACHI S'. GMANI AVTISS'. (Sigillum Guidonis de MVNOIS, monachi sancti Germani Autissio-dorensis.) Vers le XIVᵉ s.

Comme on le voit, *saint Germain d'Auxerre* est représenté en rébus par les figures du sceau : *singe-air-main-dos-serre.*

Le sceau que nous avons donné Pl. XI peut figurer à la suite du précédent. Dans le champ est un singe accroché à une branche de noisetier.

La légende latino-française désigne un Guillaume le Fruitier :

✠ SIGILL' WillemME LE FRVTER. Cire verte. XIIIᵉ s. (*Arch. de l'Eure.*) — (*V.* RÉBUS, MÈRE-FOLLE.)

SCEAUX DATÉS. « C'est vers le milieu du XIIIᵉ siècle qu'on voit quelques sceaux datés ; cette circonstance, si rare au moyen âge, mérite d'être signalée. Les éditeurs du *Trésor de Numismatique et de Glyptique* ont publié, planche II, nº 3, un sceau de Notre-Dame de Paris, portant sur son contre-sceau :

✠ SIGILLVM RENOVATVM ANNO GRATIE Mº. CCº. XXIIº. Le millésime est désigné en trois lignes dans le champ.

M. T. Hucher, dans la *Sigillographie du Maine*, cite deux contre-sceaux également datés ; l'un porte en légende :

✠ S' FCM . AÑO . M . CC . L . III . Dans le champ est une crosse acostée de deux lis ;

l'autre :

✠ 9TRAS' . FCM . AÑO . DÑI, et dans le champ, en deux lignes : M . CC . XLVI.

Le même auteur donne encore un autre exemple d'une date dans un contre-sceau du chapitre d'Aire.

SCEAUX DE BOURGEOIS. « Aux XIVe et XVe siècles, disent les Bénédictins, le droit d'avoir des sceaux était si peu attaché à la noblesse que les simples bourgeois jouissaient du même privilége, parce que, peu de personnes sachant écrire, l'authenticité des actes dépendait proprement de l'apposition du sceau. » Nous pouvons dire que ce droit commun se montre dès le XIIIe siècle, puisque dans une charte de vente de 1218, passée par un bourgeois d'Evreux nommé Gilbert Pourpense, nous trouvons cette mention : « *Et ego Gillebertus Pourpense presenti cartâ confirmavi et sigillo meo roboravi coram pluribus burgensibus Ebroïcensibus, vocatis ad hoc, in Domo Dei Ebroïcensi. Actum anno gracie* M CCo *octavo decimo.* » (Archives de l'Eure.)

Et à la suite d'une autre charte transcrite dans le cartulaire du chapitre d'Evreux (no 19), où il est fait mention de la vente de 40 acres de terres vendues audit chapitre par Guiart dit le Gruier et Jean dit Petit, son neveu, on lit cette indication du copiste : « *Scellée de trois sceaulx en double queue et en cire verte*, ou premier desquelx estoit figuré un *P* (Petit), ou segond estoit figurey une grue (Gruier) et le tiers un évesque ; le tout sain et entier. » Cette charte est de 1270. *(Archiv. de l'Eure.)*

Chaque bourgeois suivait son goût et son caprice dans le choix des figures dont il ornait son sceau. Avant l'usage des signatures en toutes lettres, le sceau d'un bourgeois ne suffisait point à lui seul pour valider un acte : c'est pourquoi l'on voit des particuliers requérir l'assistance d'un sceau authentique. « *In cujus rei testimonium nos (officialis et curia Ebroïcenses) ad petitionem dictorum venditorum sigillum curie ebroïcensis, unacum sigillis eorumdem, presentibus litteris duximus apponendum.* » (Charte de 1289 ; Cartul. du chap. d'Evreux.) Les vendeurs dont il est ici question étaient un boucher d'Evreux et sa femme. (*V.* ARTISANS, CORPS DE MÉTIER, JUS SIGILLI.)

SCEAUX DE CONSEIL *(Sigillum consilii).* Quelques grands feudataires pour leur chambre du conseil avaient un sceau spécial.

Les *Eléments de Paléographie* nous donnent, PL. Q, nᵒ 4, le sceau du conseil du comté d'Artois. On pense qu'il doit remonter à l'année 1238, date des lettres d'érection de l'Artois en comté. Ce sceau porte un écusson aux armes du comté d'Artois : forme orbicul., 7 centimètres de diamètre, avec cette légende :

✠ SIGILLVM ⠿ CONSILII ⠿ COMITATVS ⠿ ARTHESII.

Pendant à un acte de 1299.

SCEAUX DE CONTRATS. Sceau public servant à valider les actes des parties, gravé au nom et aux armes du seigneur qui avait droit d'établir un tel sceau. Ainsi, dans l'acte où Robert de Dinan cède Montcontour au comte de Penthièvre, Olivier de Bretagne, il est dit à la fin :

« Donné tesmoin ces lettres scellées dou *scel* establi et dont l'on use *aux contraz* de nostre dite cour à Dinan, et dou scel doudit sire de Chasteaubrient pour soy ez-ditz noms, et pour ledit Robert son fils, à sa requeste, et dou scel de ladite comtesse pour ez-dits noms ensemble o les sceaux de monsour Rolland Madeuc et monsour Jehan de la Soraye, chevalier, mis et apposez à cestes (lettres) à mere fermeté, etc., le IXe jour dou maès de may l'an 1407. » (*Hist. de Bretagne*, par D. LOBINEAU, Preuves, col. 833.)

SCEAUX DE DAMES. Les dames titrées n'eurent de grands sceaux qu'au commencement du XIIᵉ siècle. Ils étaient généralement de forme ovale ou ogivale. Leur plus grande dimension variait en hauteur de 7 à 10 centimètres et en largeur de 4 à 6 centimètres. (*V.* Dames et Pl. vi.)

SCEAUX D'EMPRUNT. A défaut de son propre sceau, on pouvait sceller un acte avec un sceau d'emprunt; mais cette circonstance devait être indiquée dans le titre même, sans quoi l'acte était exposé à être rejeté comme irrégulier. Nous avons une quantité de titres qui annoncent des sceaux d'emprunt; nous citerons les extraits suivants :

« *En tesmoing desquelles choses j'ai signé cestes présentes de mon seing et scellé du sceau d'armes de mon dit feu sieur Mary, dont il usoit en son vivant (5 nov. 1498). — J. Peronne de Jancourt (veuve de feu Guy, en son vivant seigneur de Matignon, de la Roche-Guyon et baron de Thorigny).* »

« *Notum sit omnibus quod ego Guillermus de Brueriis dedi Deo et beate Marie de Strata (l'Etrée) quatuor sextaria bladi annuatim habenda in terris meis de Brueriis in perpetuam elemosinam... et quia* SIGILLUM *non* HABEBAM *presens scriptum* SIGILLI JOHANNIS, *tunc temporis vicedecani, roboravi, 1215.*» (Archiv. de l'Eure. — Chart. de l'Etrée.)

En voici un autre qui fait sceller sa donation par des nobles pour lui donner plus de poids :

«*Sciant omnes quod ego Filius David Galli concedere feci Abbacie S. Sulpicii decimam meam... et ut hoc firmum haberetur, nobilium virorum W. et R. de Albineio* SIGILLORUM *munimine scriptum istud feci communiri, testibus hiis W. et R. de Albineio, G. Gallo, Egidio de melletia, etc.* » (XIIIᵉ siècle.) (*V.* CHANGEMENT DE SCEAU, SCEAUX PERDUS.)

SCEAUX DE PAPIER. (*V.* SCEAUX PLAQUÉS.)

SCEAUX DE PLOMB ou BULLES.

« L'usage de sceaux de plomb remonte aux premiers siècles de l'ère chrétienne, et descend jusqu'aux derniers. » (Les *Diplomat. bénédict.*).

Les empereurs païens, Trajan, Marc-Aurèle, Lucius Verus, Antonin Pie, etc., ont fait usage de ces sortes de bulles : les papes s'en servaient déjà du temps de saint Grégoire le Grand. Charlemagne scellait en plomb.

Des évêques du midi de la France faisaient de même au xiie siècle.

D. Vaissette, dans son *Histoire du Languedoc*, t. V, Pl. vii, nº 108, nous fait connaître un sceau de plomb de 1209, avec cette légende en belles lettres capitales romaines :

S. GVILLELMI PORCELET. Dans le champ, une tour sur une montagne hérissée de pics ; au revers, même légende ; au centre, un porcelet ou jeune porc passant de gauche à droite. Forme orbiculaire. — (*V.* BULLES, PLOMB et PL. iii et xii.)

SCEAUX DES OBLIGATIONS (*Sigillum obligationum*). Ils portaient ordinairement, comme les *sceaux de contrats* et les *sceaux des causes*, les armoiries du roi ou les seigneurs sous l'autorité desquels ces sceaux étaient employés.

LÉGENDES :

✠ S. PRO OBLIGACŌIBVS IN D̄N̄IO (Dominio) PŌTIVI. Sceau du comté de Ponthieu (1361), et au contre-sceau, on lit :

✠ 9T̄SIGILLŪ OBLIGATIONUM PONTIVI.

✠ SEEL POVR LE ROY DES OBLIGACIONS DE LA VICONTÉ DORBEC (1337). — (*V.* OBLIGATIONS, SCEAUX DE CONTRATS, CAUSES.)

SCEAUX DE VILLE ou DE COMMUNE. « Le sceau, dit M. Le Roy dans sa Dissertation sur

l'hôtel de ville de Paris, était une suite nécessaire du droit de jurisdiction, la marque à laquelle on connaissait qu'une ville était hono-
rée du privilége de corps de ville et d'esche-
vinage. Il portait ordinairement les armoiries,
l'emblème ou la devise, ou quelque autre
marque qui lui était particulière, et qui désignait la commune et servait à sceller les actes
judiciaires et les autres expéditions de l'es-
chevinage. » (*Hist. de la ville de Paris,* par
Felibien et D. Lobineau.) D. Mabillon remarque que des seigneurs qui n'avaient point
de sceau qui leur fût propre et particulier
avaient quelquefois recours à ceux des communes pour rendre leurs actes plus authentiques.

Les plus anciens sceaux de ville ne sont
que du XIIe siècle. Rien n'est plus varié que
les légendes des sceaux de ville : chaque commune, pour ainsi dire, avait sa formule particulière. Nous en rapporterons ici un certain nombre pour aider à la lecture de celles
qu'on peut rencontrer :

Légendes :

✠ SIGILLVM BVRGENSIVM DE....
✠ ——   ——   N.... CIVITATIS.
✠ ——   CIVITATIS N...

✠ SIGILLVM CIVIVM N····

✠ —— COMMVNIE DE····

✠ —— ——ˈ VRBIS N····

✠ —— —— CASTELLI N····

✠ —— COM(M)VNIS N····

✠ —— —— CONCILII DE····

✠ —— DE COMMVNI CONSILIO N····

✠ —— COMMVNIONIS DE····

✠ —— CONSVLVM N···· ou DE.

✠ —— —— CIVITATIS N····

✠ —— MAIORIE DE····

✠ —— MAIORIS COMMVNIE N····

✠ —— —— CONFRATRIE N····

✠ —— —— ET IVRATORVM 9MVNIE N····

✠ —— —— ET PARIVM COMMVNIE N····

✠ —— —— ET SCABINORVM DE····

✠ —— OPPIDANORVM····

✠ —— REIPVBLICE N····

✠ —— SCABINORVM DE····

✠ —— —— ET BVRGENSIVM DE····

✠ —— —— ET COMB(VR)GENSIVM VILLE DE.

✠ —— —— ET COMMVNITATIS N····

✠ —— —— VILLE DE····

✠ —— VNIVERSITATIS DE····

✠ —— VNIV(ER)SITATIS ET POPVLI CIVITATIS N····

✠ —— TOTIVS VNIVERSITATIS OPPIDI N····

✠ —— COMMVNE —— ET COMMVNITATIS N····

. On trouve aussi quelques légendes en langues vulgaires, telles que :

✠ S'. DEL COMMVNAL DE....

✠ CEST LI SAIAVS DE LE FRANKEVILLE DE....

Les contre-sceaux des villes offrent, pour la plupart, des légendes ainsi formulées :

✠ AVE MARIA.

✠ CLAVIS N.... CIVITATIS.

✠ S'. SECRETI *(civitatis)* N....

✠ S'. SECRETI VNIVERSITATIS *(civitatis)* N....

✠ SECRETVM CONSILII.

✠ —— SIGILLVM COMMVNIE.

✠ —— MEVM.

✠ —— —— MIHI.

✠ —— DE (Nom de lieu.)

Les sceaux de ville sont généralement ronds ; leur plus grande dimension est de 9 à 10 centimètres de diamètre. (*V.* COMMUNE et PL. XIII.)

SCEAUX-EMPREINTES. Ils sont le produit des sceaux-types, dits aussi sceaux-matrices. C'est sur ces sceaux-empreintes, attachés aux titres ou qu'on rencontre détachés, que l'amateur sigillographe trouve des éléments d'étude aussi variés que nombreux. Ce Dictionnaire montre toutes les espèces de sceaux que le moyen âge a produits , et dont toutes les classes de la société , tous les ordres de l'État sentaient le besoin pour attester *à tous présens et à venir* la vérité d'un écrit quelconque. Quelle satisfaction n'éprouve-t-on pas, quand on interroge un titre âgé de plusieurs siècles, d'y trouver à son poste, *sain et entier,* le vieux témoin de sa confection (*teste sigillo*), qui vous affirme qu'il a été attaché là pour la plus grande *robour* et *fermeté* de l'acte que vous consultez. Tout en lui annonce qu'il dit vrai : en doutez-vous? voyez Sceaux suspects.

SCEAUX ÉQUESTRES. La fantaisie qu'eurent les princes et les grands seigneurs de se faire représenter à cheval sur leurs sceaux date du xie siècle. Leurs chevaux n'eurent d'abord ni selle, ni bride, ni étriers ; ces derniers n'étaient point d'un usage général au xiie siècle. Les dames, dès ce siècle, se firent représenter à cheval, tantôt à la manière des hommes, tantôt à la manière des femmes. Au xiiie siècle les chevaux se montrent richement harnachés.

En général , les sceaux équestres désignent toujours la haute noblesse.

Les comtes et les seigneurs cessèrent de s'en servir au xvᵉ siècle. Selon Gudenus (*Syllog. varior. dipl. præf.*, p. 25), les fils de France et les princes du sang royal avaient très-souvent des sceaux équestres. Si nos rois sont quelquefois représentés à cheval, ce n'est qu'en qualité de ducs, de comtes et de souverains des provinces non réunies ou données en apanage. (D. DE VAINES.)

Les plus grands sceaux équestres sont de 10 à 11 centimètres de diamètre. (*V.* PL. v et xii.)

SCEAUX-MATRICES ou **SCEAUX-TYPES.** Instruments propres à faire des empreintes sur des titres qu'on veut sceller, qu'on veut rendre authentiques. On s'est servi au moyen âge de trois sortes d'instruments à sceller, à savoir : de l'*anneau sigillaire*; du *sceau-type en métal,* tel qu'il se montre du xᵉ au xviiᵉ siècle, et du *coin bullaire.* (*V.* chacun de ces mots.)

SCEAUX PERDUS. Lorsqu'un sceau se trouvait perdu, on avait recours au juge du lieu, et là en sa présence on venait déclarer qu'aucune foi ne devait être ajoutée aux nouveaux titres sur lesquels serait apposé le sceau en question, et dont on donnait la description. On révoquait aussi à la Chancellerie, ou par déclaration publique, le sceau perdu. L'on affichait publiquement la teneur du type ancien, et l'on avertissait du changement qu'on voulait faire dans le nouveau. L'historien Guillaume Dugdale, dans ses *Antiquités de la province de Warwich*, cite plusieurs exemples des formalités suivies en pareil cas, entre autres sous Henri III :

« *Memorandum quod publicè clamatum est in banco, quod sigillum Benedicti de Hagham, cum uno capite in medio, sub nomine suo, in quacumque manu fuerit, de cætero nullum robur obtineat.* »

Autre exemple sous Edward Ier :

« *Memorandum quod Henricus de Perpoun, die lunæ in crastino octobris, B. Michaelis, venit in cancellaria apud Lincolniam, et publicè dixit quod sigillum amisit, et protestabatur quod si aliquod instrumentum cum sigillo illo post tempus illud inveniretur consignatum, illud nullius esse valoris, vel momenti.* »

Et cet autre sous Edouard II :

« *Johannes E. recognovit in cancellaria regis se amisisse* sigillum *suum, et petit quod dicto* sigillo *deinceps non habeatur fides.* »

De semblables pertes de sceaux de personnes nobles sont consignées dans les registres du Châtelet de Paris, et dont les réclamants étaient :

Jehan de Garencières, chevalier (*miles*), 25 octobre 1404 ;

Adeleline de Bournonville, chevalier (*miles*), 17 novembre 1412 ;

•Robert de Ponteaudemer, écuier (*scutifer*), 13 décembre 1412,

Et Jacques de Béthune, dit *de Loques,* chevalier (*miles*), 10 janvier 1413 (*V.* DU CANGE, *Gloss.,* vᵒ *Sigillum,* col. 488, t. VI de l'édit. de 1736).

Quand les sceaux d'une commune étaient perdus ou dérobés, on ne pouvait en faire de nouveaux sans l'approbation de l'autorité supérieure, ce que viennent confirmer des lettres du lieutenant du bailli d'Evreux, adressées aux pairs de la commune de Nonancourt, qui demandaient à remplacer leurs sceaux perdus ; c'est un document précieux qu'on nous saura peut-être gré de reproduire ici en entier :

1395.— « A tous ceulx qui ces lettres verront ou orront, Guillaume Le Mère, lieutenant-général de noble homme, monsieur

Pierres de Hargeville, chevalier, baillj
d'Evreux, de Beaumont-le-Roger et d'Orbec,
salut : Comme les maire, pers et bourgeois
de la ville de Nonancourt nous aions entendu
que de tout temps, depuis la création de ladite mairie, ils eussent et aient acoustumé
sceller ès faiz de la juridiction et autres
choses touchant le fait de ladite mairie de
seaux notables et de bon, grant et belle
apparence, l'un plus grant et l'autre plus
petit, jusques à n'a guères que les ditz seeaulx
furent perdus et que par l'inadvertence de
feu sire Blaise Morel, lors maire de ladite
ville, en fuient faiz fere deux autres de plus
petite essence et grandeur, pour ce que lors
ne pout reconnoître à Evreux, où il les feit
fere, pour la nécessité et haste qui en estoit,
chose de telle grandeur où tout en quoy l'en
peut mettre l'empraintte de celx seaulx, ainsi
comme l'en le désiroit ne au semblable des
seaulx précédents dont l'en a depuist ousiours
usé ou faict de ladite mairie, pour la paresse
ou malle diligence des maire et pers qui depuis ont esté en icelle ville, et pour ce que
par Gilles Lemetteer, aprésent maire de ladite
ville, nous a esté dit, et pour le bien et honneur de la ville et bourgeois d'icelle, il et les

pers et tous les autres bourgeois de ladite
ville désirent user de *seaulx* ou fait de ladite
mairie pareilz et semblables du tout de l'essence et grandeur des *seaulx* qui premièrement leur furent baillés et dont dessus est
faite mencion, pour ce qu'ils étoient plus
plus beaulx, notables, plaisans et de plus
belle apparence que ceulx dont l'en use à
présent ou fait de ladite mairie ; En nous
requérant le congié de ce faire : SAVOIR FAISONS
que nous voullons le bien et honneur des diz
maire et bourgeois et leur plaisir acomplir en
celle partie, pour ce que nous les avons trou-
vez bons subgès et obéissans, et ce dessus
considéré, à iceulx avons donné et par ces
présentes donnons congié et licence de faire
faire autres *seaulx* de tel tour et de telle
grandeur comme il leur plaira, et d'en user
comme des autres, pourveu que la graveure
en soit telle sans muer ou changer, que de
grandeur comme celle de ceulx dont ilz usent
à présent, et qu'ilz soient cassez et rompuz :
Et leur avons de ce donné ces lettres pour
leur valoir ce que raison sera. Mandons à tous
à qui il appartient, requérous tous autres en
aide droit de par le Roy, notre seigneur, et
prions de nous que contre ce ne leur donne

destourbier ou empeschement aucun. En tesmoing de ce nous avons mis à ces lettres le seel dont nous usons ou dit office. Ce fut fait le samedi derrain jour de juillet, l'an de grâce mil ccc iiij ˟˟ et quinze , et à graigueur confirmacion y a esté mis le seel aux obligacions de la vicomté d'Evreux en l'an et jour dessus diz. *Signé* P. GILLAIN, avec paraphe. » (*Archives de la mairie d'Evreux.*)

SCEAUX PLAQUÉS ou en placard. Ce sont des empreintes en cire, fixées sur la charte même. Les plus anciens sceaux furent d'abord appliqués sur le diplôme ou la charte même, d'où leur est venue la dénomination de *sceaux plaqués*. Ils furent spécialement en usage sous les rois mérovingiens, carlovingiens et les premiers capétiens.

Les chartes des évêques et des abbés offrent des *sceaux en placard* jusqu'au déclin du XIIe siècle.

On reconnaît ces premiers sceaux-placards par leur application sur une entaille faite dans le parchemin. Cette entaille ou incision était disposée tantôt en croix, tantôt en étoile, tantôt en croix de Saint-André et tantôt en double croix, dont les angles étaient rabattus pour laisser un vide que la cire venait remplir en s'étendant sur les bords, aussi bien en dessus qu'en dessous du parchemin. Sur la face supérieure on imprimait le sceau ; et, comme on s'aperçut qu'on pouvait détacher cette cire qui n'était empreinte que d'un côté pour la reporter sur une fausse pièce, on scellait ensuite également en dessous pour offrir plus de difficultés aux faussaires : de là vint l'idée des contre-sceaux.

Il y a aussi des *sceaux plaqués* entre deux papiers, pendants ou fixés aux titres mêmes ; cette espèce de sceau ne date que de la fin du xive siècle, mais il n'a bien été en usage qu'au xvie siècle. Voici comme il s'employait : on couvrait la cire, encore molle (ordinairement rouge), d'un papier blanc qui, en recevant l'empreinte du sceau, se collait à la cire. Tantôt ce sceau était plaqué sur le titre même, et il n'avait alors qu'un papier ; tantôt il était pendant, et il était renfermé entre deux papiers. Ces sortes de sceaux, comme le fait remarquer l'archiviste le Moine, ont beaucoup souffert du temps, qui, ayant desséché la cire onctueuse, a décollé le papier et laissé le fond de la cire exposé au froissement et à la perte inévitable de l'empreinte :

aussi en reste-t-il fort peu de cette espèce en bon état.

Les sceaux plaqués ont servi aussi à clore les lettres missives. On en remarque l'usage dès le XIIIᵉ siècle.

SCEAUX PRIVÉS *(Sigilla privata)*. Sceaux qui n'étaient d'usage que dans les affaires particulières. Les rois d'Angleterre avaient leur *garde du privé seel du roy (Custodem sigilli privati regis)*. (DU CANGE, vᵒ *Sigillum*.)

SCEAUX ROYAUX. On appelle ainsi ceux qui portent les armes de France, excepté le grand sceau représentant le roi revêtu des insignes du pouvoir. Malgré cette distinction, on entend généralement par sceaux royaux ceux qui appartiennent à la chancellerie royale.

Les sceaux des rois de France ont affecté différentes grandeurs suivant les époques. « Le diamètre des sceaux mérovingiens qui existent aux archives du Royaume, dit M. de Wailly, varie entre 11 et 14 lignes. Les sceaux ovales des Carlovingiens s'agrandissent insensiblement. Les Bénédictins citent un sceau de Charles le Chauve qui a 2 pouces

et demi de hauteur sur 2 de largeur ; nous
nous avons donné les dimensions du sceau de
Robert Ier. En mesurant les sceaux de quelques autres rois capétiens, on trouve que
leurs diamètres ont à peu près les mesures
suivantes : Henri Ier 2 pouces 8 lignes ; Louis
le Hutin, 3 pouces 7 lignes; François Ier,
4 pouces ; Louis XVI, 4 pouces 6 lignes. »
(*Elém. de Paléog.*, t. II, p. 42.) (*V.* Roi.)

Plusieurs REINES eurent aussi leurs sceaux.
Pour faire connaître ces rares monuments de
sigillographie, il suffira d'en décrire ici quelques-uns :

1º Sceau de CONSTANCE, deuxième femme
de Louis VII (vers 1154): forme ogivale, hauteur 8 centimètres, largeur 5 centimètres ;
femme debout, tenant dans chaque main une
fleur de lis à cinq branches. Légende en écriture capitale :

SIGILLVM REGINE CONSTANCIE.

2º Sceau de MARIE DE BRABANT, deuxième
femme de Philippe III (vers 1274) : forme ogivale, 8 centimètres 5 millimètres de hauteur
et 5 centimètres de largeur; debout sous une
niche gothique, tenant de la main droite un

sceptre fleurdelisé, le champ semé de fleurs de lis. Légende en majuscules gothiques :

SIGILLVM MARIE DEI GRACIA FRANCORVM REGINE.

Le contre-sceau porte pour légende :

AVE MARIA GR(ACI)A PLENA. Dans le champ un écusson parti : à dextre, semé de France; à sénestre, aux armes de Brabant, qui sont un lion.

3° Sceau de JEANNE DE NAVARRE, femme de Philippe IV (vers 1235): forme ogivale, hauteur 9 centimètres, largeur 5 centimètres; debout sous une niche gothique, tenant un sceptre de la main droite, accostée à dextre d'un écu à six fleurs de lis (3-2-1), et à sénestre d'un autre écu aux armes de Navarre. Légende en capitales gothiques :

✠ SIGILLVM IOHA(N)NE D(E)I GR(ACI)A FRANCOR(VM) ET NAVA(RRE) REGINE CA(M)PAN(IE) ET B(RI)E CO(M)ITISSE PALA(TINE).

Et pour contre-sceau un écu parti : aux armes de France, de Navarre et de Champagne, sans légende.

4° Sceau de JEANNE D'EVREUX, troisième femme de Charles IV (vers 1324) : forme ogivale, hauteur 9 centimètres, largeur 6 centimètres; représentée debout sous un dais

9

gothique, tenant un sceptre de la main droite, deux écussons à ses côtés. Légende en majuscules gothiques :

IOHANNA DEI GRACIA REGINA FRANCIE ET NAUARRE.

Et le contre-sceau a pour légende :

9TRASIGILLU(M) IOHANNE DEI GR(ACI)A REGINE FRĀCIE ET NAVARRE. Dans le champ est une rosace entourant un écusson parti : à dextre, semé de France; à sénestre, aux armes d'Evreux, c'est-à-dire semé de France et brisé d'un cotice.

On peut voir encore, dans les *Éléments de Paléographie*, les sceaux de ADÈLE, troisième femme de Louis VII; de CLÉMENCE DE HONGRIE, seconde femme de Louis X; de JEHANNE DE BOURGOGNE, première femme de Philippe VI, dont le sceau, par sa forme ronde, se distingue de ceux des autres reines, et celui de BLANCHE D'EVREUX, sa deuxième femme.

On peut regretter de ne pas trouver, dans le grand ouvrage que nous avons cité, le sceau de Marie-Thérèse, femme de Louis XIV; magnifique sceau dont nous avons sous les yeux une empreinte en cire rouge, malheureusement brisée dans son pourtour. Ce sceau, qui a environ 9 centimètres de diamètre (car nous le croyons rond), est d'une admirable

exécution comme dessin et comme gravure.
La reine est représentée debout, dans le gra-
cieux costume de l'époque, au corsage à
pointe, aux manches bouillonnées, laissant
à découvert une partie du sein et des bras ;
un collier de perles entoure son cou. Elle
tient le sceptre de sa main droite ; sa main
gauche soutient un des plis du manteau royal ;
la robe, entr'ouverte dans le bas, est parsemée
de fleurs de lis, et une double rangée de
perles et de diamants orne les devants du
corsage et de la robe de dessous. — Absence
de légende par suite des brisures. — Au dos
est un contre-sceau rond de 6 centimètres de
diamètre, chargé d'un écu surmonté d'une
couronne et accompagné de deux palmes
nouées d'un ruban. Cet écusson est parti : au
premier de France, et au deuxième des armes
de Marie-Thérèse. Ce sceau est pendant et
attaché par une double queue à un titre en
parchemin, qui nomme maître des requêtes
ordinaires de la reine Me Claude Ledoulx de
Melleville, conseiller du roi au parlement de
Paris ; en tête duquel titre ou brevet on lit :

« *Marie-Thérèse, par la grâce de Dieu,
Reyne de France et de Navarre, à tous ceux
qui ces présentes.....* » Et plus bas : « *Car*

tel est nostre plaisir. En tesmoin de quoy nous avons fait mettre nostre scel *à ces présentes,* données à Saint-Germain-en-Laye, le *xx*ᵉ *jour de may, l'an de grâce mil six cens soixante-huict.* » Signé : MARIE-THÉRÈSE. (*Tit. de famille de M. Ledoulx de Bacquepuis* (d'Evreux.)

Les veuves des rois, mariées en secondes noces à des seigneurs privés, conservaient leur qualité de *reines* sur leurs sceaux. Les sceaux des reines et des impératrices sont fort rares. (D. DE VAINES.)

SCEAUX SECRETS. Bien que le revers d'un grand nombre de sceaux porte pour légende *sigillum secretum* ou *secreti*, les sceaux secrets et les contre-sceaux pouvaient néanmoins être distincts. Le sceau secret est opposé au sceau public. Dans certains cas on ne reconnaît guère la différence du premier avec tout autre que par l'annonce qui en est faite dans les actes.

En diverses occasions les papes, les rois et les princes se sont servis de leurs sceaux secrets en l'absence du grand scel. On a des lettres patentes du 18 mai 1370, signées du *signet et du scel secret* du roi (Charles V), auquel il veut être obéi *comme à son grand scel, lequel est absent.*

Les sceaux secrets étaient employés seulement pour les lettres closes sous Charles V, et pour les lettres de finances, sous Louis XI et ses successeurs. Ils étaient suspendus quelquefois au-dessus du grand sceau. La garde en était confiée aux chambellans.

SCEAUX SUSPECTS. Suivant les principes établis par les *Diplomatistes Bénédictins*, voici à quels signes on peut reconnaître les sceaux contrefaits ou supposés :

« Tout sceau, d'une forme beaucoup plus récente que la date du diplôme ne le comporte, doit être mis au nombre des sceaux supposés. »

« Les images des sceaux, lorsqu'elles s'éloignent trop de la forme de celles du même ordre et du même temps, et lorsqu'elles ont trop de ressemblance avec de plus récentes, doivent passer pour suspects. »

« On doit tenir pour suspect un sceau dont la cire est d'une couleur qui n'était pas en usage au temps du diplôme scellé. »

« Si l'on aperçoit une cire onctueuse et
tant soit peu ductile, mise au dos d'un ancien
sceau, ce sera une preuve qu'on l'aurait dé-
tachée d'un diplôme pour la faire servir à un
autre. »

« Un sceau qui se trouverait chargé d'armoiries avant le xie siècle porterait un caractère évident de fausseté. »

« Si l'on trouve un sceau de cire pendant à
une charte dans le temps que l'usage de suspendre cette sorte de sceau n'était pas encore
reçu, ou si le sceau est appliqué sur la charte,
lors que l'usage d'appliquer ainsi la cire était
aboli, on peut assurer que le sceau n'est
point du temps dont la charte est datée. »

« Des sceaux contrefaits convainquent les
pièces de faux. »

« Si la légende d'un sceau antique est aussi
longue et dans le même goût de celles des
bas siècles, si l'on y trouve un nom propre
qui n'ait pas encore été en usage, on peut
avec raison douter de la vérité du sceau. »

« Pour juger de l'âge des sceaux, il faut
avoir égard aux lettres employées dans leurs
légendes. Si donc l'on remarquait dans un

sceau du Xe au XIe siècle le caractère gothique moderne, on ne balancerait pas à juger
ce sceau des bas temps. »

SCEL AUTHENTIQUE. Dans les bas siècles
on appela ainsi les sceaux seigneuriaux con-
fiés à des tabellions, pour les distinguer des
sceaux et des cachets des autres nobles.—
(D. DE VAINES.)

SCEL D'ARMES. Terme consacré aux XVe
et XVIe siècles pour désigner le petit sceau, et
souvent le cachet armorié d'un gentilhomme.

FORMULES :

« *En tesmoing de ce j'ay singné ces présentes
de mon saing manuel et seellé de mon seel d'armes, en présence de Damp Jehan de Ruilly,
religieux et beau-père du Trésor et messire
Jehan Vibot, prestre, curé de Baudemont.* »
(1458.—Titre de l'abbaye du Trésor ; Eure.)

« *Avons merché* (marqué) *de nostre main
ceste présente ratification et fait sceller du scel
de nos armes, outre le scel royal de ladite cour
de Montaigu. Donné, fait et passé...*» (1485.—
Acte par lequel Nichole de Bretagne confirme
la cession faite au roi Louis XI.)

« *En tesmoing desquelles choses j'ay scellé ce dit adueu du seel de mes armes.* » (1497.)

SCEL DE CHAMBRE (*Sigillum cameræ*). Nous avons déjà dit aux mots Camera et Chambre ce qu'était ce sceau particulier. Nous citerons encore ces passages tirés de titres du xve siècle : « ...*In cujus testimonium sigillum camere nostre presentibus est appensum. Datum Ebroïcis,* xxj octob. M CCCC III.» (1403. —Scellé en cire rouge.

« ...*Teste sigillo magno Curie nostre Ebroïcensis in absentia sigilli camere nostre.* » (29 mars 1407. — Scellé en cire verte.)

SCELLER (*Sigillare*). C'est appliquer le sceau à un acte afin d'en confirmer l'authenticité ; et cet acte revêtait un caractère public ou privé, suivant que le sceau qu'on employait avait lui-même l'un de ces caractères. On a scellé avec des anneaux depuis la plus haute antiquité jusqu'au xiie siècle inclusivement, et dès le xe siècle avec des sceaux différents des anneaux. Excepté quelques grands feudataires, quelques seigneurs et un petit nombre d'évêques, on peut assurer que ce n'est que depuis environ 1150 que l'usage de sceller devint commun parmi les prélats et les nobles. La nécessité du sceau pour rendre un acte valide ne remonte pas plus haut que cette époque, et conséquemment le défaut de sceaux dans les chartes antérieures, même non souscrites, ne suffit pas pour infirmer leur autorité.

Il ne faut pas oublier non plus que l'usage de signer et de sceller en même temps les actes est très-ancien ; il fut même prescrit par les lois (*Code théod.*, livre XXI, c. *des Testam.*) La barbarie des temps postérieurs les fit oublier. Une multitude de chartes des VIIIe, IXe, X^e, XIe et XIIe siècles n'offrent aucun indice de sceaux. Dans ces temps, les notaires écrivaient tous les noms des témoins, et une croix, apposée par chacun d'eux au-devant de son nom, suffisait à la simplicité de ces siècles. (D. DE VAINES.) — (Pour les formules de *sigillation*, V. ce dernier mot, et ceux de ANNEAUX SIGILLAIRES, SCEAUX-MATRICES, SCEAU-TYPE, COIN BULLAIRE.)

SCEL NOUVEAU (*Novum Sigillum*). Si les particuliers prenaient le soin d'annoncer leur changement de sceau dans un acte qu'ils passaient, les rois et les gens de justice n'omettaient pas non plus cette formalité quand ils usaient d'un scel nouveau, témoins ces formules :

« ... *Scellé du scel de nouvel ordonné, le 1er jour de novembre mil ccc iiij* ^{xx} *et cinq* (1385), » dit Laurent Duval, alors garde du scel des obligations des cité et diocèse d'Evreux pour le roi.

« *Philippe, par la grâce de Dieu, Roy de France, à nos amez et feaux gens qui tendront nostre prouchain eschiquier à Rouen, salut..... Donné à Saint-Germain-en-Laye, le 1er jour de mars mil ccc quarante-deux, soubz nostre nouvel scel.* »

« *Philippus... Francorum Rex... Datum Parisiis sub novo sigillo.* » (22 février 1342).

SCUTIFER (*Ecuyer*). (*V.* ce mot.)

SEDES (*Siége*). Mot employé sur les sceaux du chapitre pour désigner le siége épiscopal.

Comme dans cette légende du chapitre de l'évêché de Nîmes :

✠ SIGILL. CAPITVLI. NEMAVS. SEDIS. Sceau ovale. Vierge assise, avec l'enfant Jésus sur ses genoux. (1269.)

Le mot Sedis figure aussi sur le sceau du chapitre de Carcassonne, également du XIIIᵉ siècle.

SEIGNEUR (*Dominus*). Qualité prise par les possesseurs d'un domaine, d'une grande terre, d'un fief, d'une seigneurie.

Les petits seigneurs n'eurent point de sceaux avant le déclin du XIᵉ siècle. Ce ne fut guère que dans la seconde moitié du XIIᵉ siècle que les sceaux seigneuriaux furent d'un usage plus répandu. Ils étaient ordinairement chargés d'un écu armorié. (*V.* Dominus.)

SÉNÉCHAL (*Senescallus*). Officier royal institué dans les provinces pour être à la tête de la justice. La plus ancienne ordonnance relative à leur installation est de saint Louis.

Le sénéchal en quelques provinces, comme en Bretagne, est celui qui tient la place d'un lieutenant général dans un présidial. En Normandie, c'est le nom qu'on donne aux juges de la basse justice.

Le sénéchal ou grand sénéchal, sous les descendants de Hugues Capet, était un officier qui tenait un des premiers rangs à la cour des rois. Il fut nommé *Dapifer*, parce qu'il avait le soin des tables. Il commandait les armées, etc.

Comme juges établis dans les justices royales et seigneuriales, quelques sénéchaux eurent des sceaux dès le XIIe siècle, et tous au XIIIe. Chacun avait son sceau particulier. Mais Philippe le Long ayant réuni à son domaine les sceaux de justices royales, leurs sceaux devinrent publics.

Louis le Hutin rendit une ordonnance en 1315 pour que les baillis et sénéchaux ne se servissent que de petits sceaux aux armes du roi.

Tous les sénéchaux du XIIIe siècle, remarque D. Lobineau dans son *Histoire de Bretagne*, t. Ier, Preuves, col. 388, étaient chevaliers, comme on peut le voir par les sceaux où ils sont représentés à cheval, l'épée au poing.

LÉGENDES :

✠ S' CVRIE SENESCALLI (1290).

✠ S' WILL(ELMI) DE.... SENESCAL(LI) DE....

SÉNÉCHAUSSÉE (*Senescallia, Senescalcia, Senescalli jurisdictio*). C'est la juridiction du

sénéchal. On désigne aussi par ce terme l'é⸱
tendue de la juridiction et du ressort du
sénéchal.

Les sénéchaussées eurent des sceaux dès
leur création, vers la fin du XIIᵉ siècle et au
suivant.

LÉGENDES :

✠ S . SENESCALLIE XANCTON . APVD SCM (Sanctum) IOHEM
(Johannem) D' ANGELIACO (1319). Sceau de la sénéchaussée de Saintonge à Saint-Jean d'Angely. Dans le
champ, la décollation de saint Jean. Au contre - sceau,
l'écu de France.

✠ LE SEEL DE LA SENESCHAVSSEE DE N....

SIGILLUM (*Sceau*). Ce mot, en tant qu'empreinte du sceau, est de la première antiquité ;
mais il ne servit à exprimer l'instrument avec
lequel ou faisait l'empreinte que vers le IXᵉ
siècle. Aux XIᵉ et XIIᵉ siècles il prit toujours
la place des anneaux sigillaires, dont il fit
absolument abolir l'usage et le nom dans les
diplômes de nos rois. Aussi, dans les chartes
de cette époque et dans les siècles suivants,
le mot *sigillum* désigne toujours l'instrument
et rarement l'empreinte, comme le démontrent ces différentes expressions : « *Sigilli*

*impressione communiri feci; — Sigilli appo-
sitione roboravi; — Sigillum apponere fecimus* », etc.

Ce nom de *sigillum* fut donné quelquefois
aux actes et aux signatures. On le trouve
aussi gravé sur quelques contre-sceaux.

Ce mot, qui précède ordinairement toutes
les légendes des sceaux, se montre tantôt en
entier, tantôt en abrégé. C'est dès le xe siècle
qu'il commence à paraître dans les sceaux,
et on le rencontre à différentes dates sous
l'une ou l'autre de ces formes :

SIGILLVM . S'. SI' SIG'. SIGILL'. SIGILLV̄. SG'. SGLL'.

SIGILLATION (Annonce et Formules de la).
On entend par *sigillation* l'apposition du sceau
sur les actes. Comme ceux-ci ne tirent toute
leur authenticité que de cette formalité, l'annonce de la sigillation ou de l'apposition du
sceau venait attester que l'acte est dûment
scellé. Les formules d'annonce de sceaux ont
varié suivant le goût du siècle ou le caprice
des scribes ou des notaires. Nous les rapporterons ici succintement par siècle.

D'abord, sous la première race, nos rois
annoncent qu'ils ont scellé avec des anneaux :

« *Annuli nostri impressione astipulari fecimus.*
— *Subter sigillari jussimus.* »

Au VIII° siècle, les rois, ou plutôt les maires
du palais, annonçaient aussi l'impression de
leurs anneaux sur les diplômes ou précep-
tes qu'ils donnaient : « *Annuli nostri impressione signavimus.* » Les chartes privées ne font
aucune mention des sceaux, parce qu'elles
n'étaient jamais scellées.

Au IX° siècle, Charlemagne indique qu'il se
sert de l'anneau pour sceller, excepté dans
une occasion unique, où il emploie le coin
bullaire, et l'annonce par la formule : « *Subter
plumbum sigillare jussimus.* »

Au X° siècle, les rois capétiens signalent
leur sigillation le plus souvent par le terme
de *sigillum*, quelquefois par celui de *bulla*,
mais très-rarement par celui d'*annulus*. Les
chartes des grands feudataires, ducs ou comtes, gardent le silence sur l'apposition du
sceau. Plusieurs chartes ecclésiastiques sont
scellées sans annonce.

Au XI° siècle, le roi Robert fait mention
tantôt de son anneau, tantôt de son sceau ;
mais, depuis sa mort, l'annonce de l'anneau
devint très-rare. Les annonces de sceaux sont

très-rares parmi les grands : plusieurs actes ecclésiastiques ont ce défaut, quoique munis de sceaux.

Au xIIe siècle, les rois de France annoncent qu'ils scellent avec le sceau différent de l'anneau désigné par le mot *sigillum*. Louis VII est le seul qui, dans un diplôme donné en 1169, se soit servi de la formule : « *Annuli nostri impressione.* » Au milieu de ce siècle, les ducs, les comtes et autres grands feudataires annoncent assez ordinairement dans leurs chartes qu'ils scellent avec le sceau dit *sigillum*. Dans les chartes ecclésiastiques, le sceau est souvent annoncé par le mot *karacter*.

Au xIIIe siècle, même annonce du *sigillum* par les rois, et de plus ils y ajoutent parfois celle des témoins par cette formule : « *In cujus rei testimonium et confirmationem presentibus litteris sigillum nostrum fecimus apponi, et comites, barones et alii prenominati sigilla sua duxerunt apponenda,* » ou toute autre équivalente. Les ducs et les comtes, les ecclésiastiques, les petits seigneurs annoncent aussi l'apposition de leurs sceaux.

Au xIVe siècle, on voit paraître dans les annonces la distinction de plusieurs sortes de sceaux. Louis X parle d'un « *sigillum, quo ante susceptum regni regimen Francie utebamur* », dit-il dans un acte de 1315 ; et postérieurement, il se sert du mot *sigillum* sans distinction. Philippe le Long annonce dans des lettres de 1318 son *grant scel*, et dans une de ses ordonnances de 1320 son *scel secret*. Philippe de Valois, Jean II et Charles V préviennent encore qu'en l'absence du *grand scel* ils se servent d'un autre. Charles VI annonce son sceau en l'absence du grand : « *Sigillum nostrum, in absentia magni, duximus apponendum.* » Les grands feudataires ne manquent presque pas à l'annonce du sceau. Beaucoup de chartes ecclésiastiques n'annoncent que les *sceaux* qui, quelquefois, sont désignés *pendants*.

Au xve siècle, il y a très-peu de variations dans l'annonce du sceau. Charles VII prévient quelquefois qu'il scelle d'un *sceau ordonné en l'absence du grand*. Les ducs et les comtes souverains commencent à faire une distinction assez fréquente de leur grand et de leur petit sceau. Au lieu de sceaux, on annonçait de simples cachets : « *Cum nostri impressione signeti.* »

Au xvie siècle, les signatures devenant plus fréquentes dans les titres, l'usage de l'annonce du sceau diminua sensiblement, au moins dans les chartes privées ; car, pour les édits, déclarations et lettres royaux, les souverains ne manquent pas à cette formalité, sous les formules accoutumées, avec l'indication de la couleur de la cire.

Ainsi, d'après ce qui précède, l'annonce du *sceau* dit *annulus* caractérise ordinairement les diplômes de la première et seconde race. Celle des *bulles* leur est peu familière et celle des *sceaux* dits *sigillum* encore moins ; les rois de la seconde race l'ont cependant employé quelquefois : l'annonce de l'anneau, *annuli*, persévérait encore sous le règne de Louis VII (XIIe siècle). Les formules d'annonce de la troisième race prouvent qu'ils usaient du sceau dit *sigillum*.

Il ne faut pas oublier qu'il est un nombre d'actes scellés dont la sigillation n'est point annoncée. Les ecclésiastiques annoncèrent l'impression de leurs anneaux ou de leurs sceaux presque aussitôt qu'ils commencèrent à s'en servir.

La plupart des chartes ecclésiastiques des IXe, Xe, XIe et XIIe siècles n'étant point scellées, on y annonçait, mais peu régulièrement, les signatures et les témoins.

SIGILLUM AD CAUSAS (*Sceau aux causes*). Sceau spécialement réservé aux juridictions royales, seigneuriales ou ecclésiastiques. La formule *ad causas* est tantôt sur le sceau, tantôt sur le contre-sceau.

Le sceau de la cour du comte d'Anjou, siégeant à Angers, portait en 1276 un écusson parti : aux armes d'Anjou et de Provence, avec cette légende :

✠ S' CVRIE . KROLI (Karoli) COMITIS ANDEGAVENSIS.

et au contre-sceau chargé d'une fleur de lis, on lisait à l'entour :

✠ AD CAVSAS.

La cour du même comte, siégeant à Saumur, avait sur son sceau, en 1303, cette autre légende :

✠ S'. COMIT. ANDEG . APD *(apud)* SALMVR . AD C̄AS *(ad causas)*.

et sur le contre-sceau :

✠ CONTRAS'. SALMVR . AD C̄AS.   (*V.* AD CAUSAS, CAUSES.)

SIGLES (*Sigla, singulœ Litterœ*). Sorte d'abréviation qui consiste à n'employer que la première lettre ou le plus petit nombre des lettres d'un mot. Dans le premier cas, le sigle est simple, dans l'autre il est composé. Ainsi D ou D̄N̄Ī sera mis pour *Domini;* M ou M̄Ā̄ḠR̄I pour *Magistri*, etc. Les graveurs de sceaux se servirent utilement des sigles pour réduire en peu de lettres de trop longues légendes. Ainsi, pour exprimer un nom propre, un titre, une qualité ou quelque autre mot d'un usage fréquent, il leur convenait parfois de n'employer que la lettre initiale, ou sigle simple. Ainsi ils mettaient :

A.   pour *Ad, Alberti.*

B.   — *Beatæ, Bernardus, Benedictus.*

C.   — *Contra-sigillum, comitis, canonici, cardinalis, etc.*

D.   — *Dux, de, dominus, domina, etc.*

E.   — *Episcopus, Edwardus, ecclesiæ, etc.*

F.   — *Francorum, frater, fils, filius, etc.*

G.   — *Gratia, Guillelmus, Gregorius, etc.*

H.   — *Henricus, hospitalis, etc.*

I.   — *Iesus, Iohannes, Iehan, etc.*

L.   — *Ludovicus, leo, licentiatus, etc.*

M.   — *Magister, Maria, miles, marchio, martyris, etc.*

N.   — *Navarræ, notarius, etc.*

O.   — *Officialis, officialitas, ordinis, etc.*

P.   pour *Paulus, Petrus, prior, prepositus,*
                 presbyter, etc.

R.   —   *Rex, regina, Radulfus, rector, etc.*

S.   —   *Sigillum, secretum, signetum, sanc-*
                 tus, seel, Stephanus, etc.

V. W.—   *Willelmus, wido, Vicecomes, virgi-*
                 nis, etc.

X.   —   *Christus, decem, etc.*

Y.   —   *Yvo, etc,*

Comme ils se servaient aussi de sigles composés, pour rendre des expressions d'usage,
à savoir :

A. M. pour *Ave Maria.*

BB'   —   *Beatorum.*

B. M.   —   *Beate Marie.*

C. S. D.—   *Contra-sigillum de...*

D. G.   —   *Dei gratiâ.*

E. R.   —   *Ecclesiæ Romanæ.*

I. B.   —   *Ioannes Baptista.*

I. X.   —   *Iesus Christus.*

O. S. B.—   *Ordinis sancti Benedicti.*

P. P.   —   *Papa.*

R. E.   —   *Romanæ ecclesie...*

R. P. D.—   *Reverendissimi patris domini...*

S. S.   —   *Sanctorum, serviens, subsigillum,*
                 sigillum secretum ou *sigillum*
                 secreti.

S. C.   pour   *Sigillum contra.*
S. B.   —   *Sancti Benedicti.*
S. M.   —   *Sanctæ Mariæ.*
S. M. E. —   *Sanctæ matris ecclesiæ.*
S. P. D. —   *Sigillum Petri de.*
S. R. E. —   *Sanctæ romanæ ecclesiæ.*

Pour les sigles ou lettres contre-signées qui se remarquent dans les mots abrégés des légendes, *V.* Pl. ii, où chaque lettre est représentée avec le signe qui lui donne telle ou telle valeur.

SIGNATURE (*Signum*, etc.). Les sceaux ayant suppléé aux signatures à certaines époques, nous dirons ici quelques mots de la signature ou souscription au moyen âge. Nous n'avons pas besoin de définir ici ce qu'on entend par signature ou souscription : il suffit de dire, pour l'intelligence du sujet, que dans les actes latins, ces mots sont désignés par *subscriptio, signatura, sacramentum propriæ manûs, paraphus, crux, manus,* quelquefois même par les mots propres aux sceaux comme *signum, signaculum, signetum,* ou enfin par les termes relatifs aux chartes, comme *chirographum* ou *cyrographum, sigillum, scriptio, conscriptio, scriptura*; et en français par *signe, signature, seing manuel, merc* ou *marque.*

Les rois mérovingiens signaient de leur main leurs diplômes en y mettant ou leur nom ou leur monogramme. Si ces diplômes étaient importants, ils étaient souscrits par des évêques, des abbés et des seigneurs.

Depuis Charlemagne, les rois de la seconde race ne signèrent qu'en monogrammes. Leurs lettres patentes ne furent signées que par des chancelliers ou des notaires du Palais.

Les rois de la troisième race ont employé les signatures tout au long, les monogrammes et les croix.

Les signatures de la propre main des rois capétiens commencent à Philippe le Long; mais, depuis Jean II, cet usage fut plus suivi. (*V.* D. DE VAINES.)

Aux XIᵉ et XIIᵉ siècles, on ne voit presque point de signatures réelles dans les chartes privées : la présence des témoins suffisait.

Aux XIIᵉ et XIIIᵉ siècles, des souscriptions de notaires publics ne doivent point être suspectes. La nomination des témoins, substituée à leur signature, remonte jusqu'au VIIᵉ siècle. et descend en France jusque vers la fin du

XIIIe siècle et en Angleterre jusqu'au XVe inclusivement. (*V. D. DE VAINES.*)

Aux XIVe, XVe et XVIe siècles, il ne suffisait pas toujours de signer un acte (*manu propria firmare adsignare, suscribere, corroborare,* etc.), on jugeait encore à propos d'y joindre l'apposition du sceau. « *In cujus rei testimonium,* dit un notaire du chapitre d'Evreux dans un acte de 1482, *sigillum curie dicti decani presentibus est appensum, unâ cum signo manuali meo quo utor in dicto officio.* »

Au XVe siècle : « *En tesmoing de ce, je tabellion dessus nommé, ay mis à ceste quittance mon seing manuel avec le signet dudit tabellionnage, en l'an et jour susdit.* » (1444.)

Au XVIe siècle, la signature devient d'autant plus obligatoire dans les actes, que l'ordonnance de François Ier (donnée à Villers-Coteret au mois d'août 1559) impose aux notaires de signer leurs minutes ; et une autre de François II, en 1554, enjoint expressément aux particuliers de signer leurs actes et contrats, ce que le parlement fit observer plus strictement par un arrêt de 1579.

Et au XVIIe siècle même, nous trouvons dans un diplôme de l'université de Caen l'annonce

de la signature et du sceau ainsi formulée :
« *In quorum omnium et singulorum prœmisso-*
rum fidem legitimumque testimonium sigillum
magnum *prœdicti collegii, vtriusque juris ejus-*
dem vniversitatis, presentibus litteris, vnâcum
chirographis, *nec non scribœ eorumdem facul-*
tatum duximus apponendum. Actum et datum
Cadomi. » (1673.)

SIGNES ABRÉVIATIFS. Nous avons dit au
mot ABRÉVIATIONS que les légendes des sceaux,
devenues très-prolixes dès le XIIIᵉ siècle, se
chargèrent d'abréviations diverses. Tantôt ce
sont des mots qui n'ont conservé que quelques lettres, et qui prennent alors le nom de
sigles, tantôt ce sont des signes qui viennent
remplacer certaines lettres, certaines syllabes,
et qui pour cette raison sont appelés *signes*
abréviatifs : il n'est pas moins nécessaire d'être
familiarisé avec ceux-ci qu'avec les premiers.
Il est beaucoup de cas où même les signes
abréviatifs s'unissent aux sigles pour en faciliter l'interprétation. Et comme de plus ils se
mêlent souvent à toutes les abréviations que
les graveurs, comme les scribes, ont imagi-
nées pour rendre l'écriture concise, il est

donc utile de savoir la forme et la valeur de ces signes.

Ceux qui figurent le plus généralement dans les légendes sigillaires sont représentés dans la Pl. II de cet ouvrage. Une brève explication de ces signes en rendra l'intelligence facile ; ainsi :

Les lettres M, N indiquent leur absence dans un mot par un trait horizontal placé au-dessus de la lettre qui précède l'omission, comme dans l'abréviation cōitis pour comitis, sigillv̄ pour sigillvm, cōvētvs pour conventvs. Le même signe sert aussi à désigner une abréviation par suspension, ou mot inachevé, comme com̄ mis pour comes ou comitis ; ou une abréviation par contraction, ou mot dont on a conservé l'initiale et la finale avec quelques lettres médiales, comme pb̄ri pour presbyteri, grā pour gratia, ch̄r pour chevalier, etc.

Les syllabes er, re, ir sont remplacées par un signe supérieur en forme de crochet ou de grosse virgule, comme dans cl'ici pour clerici, rob'ti pour roberti, p'positi pour prepositi, v'ginis pour virginis, etc. Ce signe se met aussi à la fin et au-dessus d'une abréviation, pour indiquer l'omission de la terminaison, ainsi sigill' pour sigillvm, cvr' pour cvrie, etc.

Les syllabes vs, os sont représentées par un signe supérieur en forme de [9], comme dans l'abréviation WILLELM[9], P̄P̄[9]ITI ou PREP[9]ITI pour PREPOSITI, etc.

Les syllabes vʀ et quelquefois ᴛvʀ sont rendues par une sorte de [2] mis au-dessus de l'omission, comme dans c[2]ATI pour cvʀATI, ᴛ[2]ONEN' pour ᴛvʀONENSIS, etc.

Les syllabes com, con, et rarement cvm, cvn, sont remplacées tantôt par un c retourné, ou droit, mais barré au-dessus ou au milieu, tantôt par une espèce de 9 ou de 2 mis au rang des lettres, comme dans les abréviations 9ᴛʀAS' pour CONTRASIGILLVM, 9MVNIE pour COMMV-NIE, 9VENT[9] pour CONVENT[9], VI9ᴛE pour VICONTE, 9ᴛESSE pour CONTESSE, etc.

Les syllabes ʀvm et rarement ʀıs sont figurées par une sorte de 2, dont la base est tranchée par un crochet (*sic* : ꝗ). Ex. : CŌPVTOꝗ pour COMPVTORVM, ou par un ʀ capitale, dont la branche inférieure est tranchée par un trait, comme dans les abréviations SCŌRꝗ pour SANCTORVM, BEATOꝗ ou BŌꝗ pour BEATORVM, etc.

Indépendamment de ces signes, on trouvera dans la même planche les lettres abré-viatives contre-signées, c'est-à-dire des lettres chargées ou tranchées d'un signe abréviatif, avec la valeur que celui-ci donne à chacune d'elles. En joignant à ces renseignements les abréviations figurées de la PL. III, nous avons pensé donner les moyens de résoudre les principales difficultés brachigraphiques des légendes sigillaires. (*V.* en outre ABRÉVIATIONS, LETTRES CONTRE-SIGNÉES (PL. II), SIGLES.)

SIGNET (*Signetum*). Mot en vogue aux XIVe XVe et XVIe siècles pour désigner un petit sceau, un sceau secret, un cachet.

Par les formules qui suivent on peut voir l'usage qu'on faisait du signet :

« *Et en tesmoing de ce avons donné à nostre dit seigneur ces lettres, soubz nos sceaux ou signez, en labsence de celui qui ne auroit son propre seel; lequel seel propre nous promettons mettre au lieu et en l'endret que seront les signez d'aucun de nous assis, quant nostre dit seigneur (le duc de Bretagne) nous en requerra. Donné et fait le xie d'avril l'an 1320.* » (Lettres d'alliance du duc de Bretagne avec Jean, vicomte de Rohan, Raoul, sire de Montfort, Jean, sire de Beaumanoir et autres. — D. LOBINEAU, *Histoire de Bretagne*, Preuves, col. 624.)

« ...*Et pour tesmoing de ce nous* (Jean, duc de Bretagne) *avons fait mettre notre seel avec nostre signet à ces présentes, 1381.* » (Lettres d'alliance du duc de Bretagne et du connestable de Clisson. — D. LOBINEAU, *Histoire de Bretagne*, Preuves, col. 624.)

« *Datum sub sigillo magno curie Rothomagensis, unacum signetis nostris quibus utimur in hac parte* », disent les vicaires généraux de l'archevêque, dans un acte de 1374.

« *En tesmoing de ce, je tabellion dessus nommé, ay mis à cette quittance mon seing manuel avec le signet dud. tabellionnage.*» (1444.)

« *Les gens des comptes du Roy notre sire à Paris au bailly d'Evreux ou son lieutenant en la vicomté de Conches et Breteuil..... Donné soubz nosdits signets l'an 1556.* » Au bas, quatre petits sceaux aux armes desdits conseillers, plaqués en cire rouge et un autre à la marge de droite du parchemin. Pour chaque signet, la cire est étendue en croix et l'empreinte est au centre.

SIRE. Titre qui répond à celui de *Dominus.* C'est le κὺροσ des Grecs des derniers temps. D'autres font dériver ce nom de *herus* (hère) qui signifie *maître* ; de *senior*, du mot hébreu *sar*, du gaulois *serr*. Il fut donné au moyen âge à tous les seigneurs, soit justiciers, soit féodaux. On disait le *sire* de Pons, le sire de Croy, de Courtenay, de Ferrières et de Coucy. (D. DE VAINES.)

Les grands seigneurs de fiefs prenaient ce titre dans les XIe, XIIe, XIIIe et XIVe siècles.

Ce ne fut que depuis le XVIe siècle que le titre de *sire* fut exclusivement réservé pour les rois.

LÉGENDE :

✠ LE SEEL DOU SIRE DE .... (Nom de lieu.)

SODALITAS. Société, Confrérie, Congrégation.

LÉGENDE :

✠ SIG . SOD . B . M . VIRG . ANNVN . DOLANAE. Sur un sceau ou cachet de la Congrégation de l'Annonciation de Dôle. Le champ représente une Annonciation. Forme ogivale. (*V.* le *Bull. de la Société de Sphragistique*, nov. 1852.)

SOUS-SCEAU (*Subsigillum*) était un sceau secret suspendu et fixé au-dessous du grand sceau.

STYLE DES LÉGENDES. Si les légendes des plus anciens sceaux, généralement très-succintes, offrent un style moins incorrect, il n'en est pas de même des légendes des sceaux du XIIIe siècle et des suivants, où se remarquent des irrégularités de plusieurs genres. D'abord, c'est la langue latine, qui, n'ayant jamais cessé d'être employée sur les sceaux, offre des barbarismes et des solécismes fréquents. Ensuite, c'est la langue vulgaire ou romane, qui, apparaissant dans les sceaux dès le XIIIe siècle, vient se mêler au latin pour composer la légende dans un style mixte. Ou bien encore, quand c'est la langue romane seule qui se montre, il est rare qu'elle ne porte pas les traces d'un patois quelconque.

Les exemples qui suivent rendront plus sensibles les remarques que nous avons faites sur le style de certaines légendes :

✠ S. GVILLELMI LE CONTEOR. (XIIIe s.)

✠ SIG. IO(HANN)IS DE CHAMBERE D(OMI)NI DE BLANDEY. (XIIIe s.)

✠ S. GARNERI LE CHARON. (XIIIe s.)

✠ S. GVILLELMI DV BOSCO. (XIIIe s.)

✠ LE SAIEL PIERRE N....

✠ CEST LI SAIAVS DE LE FRANKE VILLE DE MAUBVEGE. (XIIIe s.)

✠ S. DEL COMVNAL DE MONCVC. (1243.)

On peut voir aussi aux mots ORTHOGRAPHE et ACCORD GRAMMATICAL combien le style des légendes avait à souffrir des fautes que commettaient les graveurs ignorants. Il est à remarquer qu'il n'y a guère que les sceaux de bourgeois, d'artisans, de petites églises, de petits seigneurs, de petites communautés, dont les légendes soient d'un style vicieux, d'une gravure pitoyable, et chargées d'abréviations irrégulières. On comprend quelles difficultés doit présenter aux déchiffrateurs la réunion seule de quelques-uns de ces défauts que nous venons de signaler. Il suffit d'en être prévenu pour savoir comment se guider en pareil cas.

SYMBOLES (gravés sur les sceaux). « Les premiers chrétiens, dit D. de Vaines, faisaient graver sur leurs cachets des figures symboliques, telles que celles d'une colombe, d'un poisson, d'une ancre, d'une lyre, etc.; mais, au moyen âge, ils s'y firent représenter sous toutes sortes de situations convenables; dans les bas temps l'orgueil y ajouta les marques de dignité et de familles illustres. »

On voit sur les sceaux, des croix, des couronnes, des piques ou javelots, des sceptres, des globes, une main de justice, des épées, des étendards, des boucliers, des chiens, des éperviers, des faucons, des cerfs, des aigles, des fleurs, des tours, des châteaux, des portes, des ponts, etc., autant de figures qui ont une signification propre, que nous allons faire connaître :

BOUCLIER (Le) est la marque de la protection que les princes doivent à leurs sujets. On le trouve sur les sceaux de la deuxième race. Il est peu de grands seigneurs qui, dans leurs sceaux équestres, se montrent sans bouclier. Tout chevalier, d'ailleurs, qui se faisait représenter à cheval portait à son bras un bouclier, souvent chargé de ses armes.

CERF. Symbole du droit de chasse. Charles VI, dit-on, est auteur des deux cerfs-volants qui servent de support aux armes de France.

CHATEAUX. Symbole de juridiction, assez commun sur les sceaux du XIIe siècle.

COR. Symbole du droit de chasse.

COURONNES. Les couronnes qu'on voit sur les sceaux sont ou radiales, ou à fleurons, ou à perles, ou à pierreries, ou de lauriers, ou à fleurs de lis, ou de trèfle. Elles sont ouvertes ou fermées, ou en forme de bonnet.

Excepté Chilpéric Ier et Childéric, dernier roi des mérovingiens, les rois de la première race ne portèrent point de couronnes sur leurs anneaux sigillaires. Sous la seconde race, jusqu'à Louis d'Outremer, qui en porte une étoilée, les couronnes sont ordinairement de laurier; car il y en a quelques-unes de pierreries. Hugues Capet et tous ses successeurs ont porté la couronne terminée par des fleurs de lis. Ce roi est le premier qui porta la couronne à fleur de lis sur son sceau, et que Henri Ier porta plus distinctement que ses prédécesseurs.

Charlemagne, devenu empereur, se couronna comme les empereurs d'Orient, c'est-à-dire avec une couronne fermée par le haut; mais, sur ses sceaux, on le voit ou tête nue ou avec une couronne de laurier.

La couronne fermée fut portée premièrement pas Charles VIII; mais, ce prince et ses successeurs jusqu'à François Ier, ne s'en servirent pas régulièrement, et depuis l'an 1536 elle fut presque toujours fermée.

Henri de Bourbon, prince de Condé, est le premier prince du sang de France qui ait porté la couronne purement de fleurs de lis.

Les couronnes sur les écus des armoiries ne se montrent que sous le règne de Charles VI. Les ducs et les comtes n'ont mis cet ornement au-dessus de leurs armes que depuis l'an 1500. Le diadème ou bandeau royal se rencontre sur plusieurs sceaux de la deuxième race.

Croix (*Crux*, *Signum crucis*). La croix, comme symbole, a persévéré sur les sceaux depuis les premiers temps jusqu'au XIVe siècle. (D. DE VAINES.) On la retrouve également sur ceux des XVe, XVIe et XVIIe siècles en tant que sceaux ecclésiastiques.

La croix simple (+) ou pattée (✠) a servi aussi à marquer le commencement des légendes pendant toute la durée du moyen âge.

Epée. L'épée est le symbole du droit de punir les méchants ; elle marque aussi l'humeur guerrière. Les sceaux équestres représentent beaucoup de chevaliers l'épée au poing.

ÉPERVIER. Symbole du droit de chasse.

Étendard (L') est le symbole du souverain domaine. Il paraît sur les sceaux de plusieurs rois. Aux xiie et xiiie siècles, bon nombre de grands seigneurs se représentèrent sur leurs sceaux l'étendard à la main.

Faucon. Symbole du droit de chasse.

Fleur. Une fleur quelconque, dans la main d'une personne représentée sur un sceau, est un signe d'intégrité ; il fut commun à tous les gens d'Église. (D. de Vaines.) (*V.* Pl. vi.)

Fleurs de lis. Il ne faudrait pas croire, comme on l'a pensé communément, que la fleur de lis ne fut employée que par les rois ou les princes de la famille royale : on la retrouve non-seulement sur les sceaux et les armes de quelques gentilshommes, mais encore sur les sceaux de simples particuliers. En Normandie, dès le xiiie siècle, nous voyons des bourgeois, des artisans, des propriétaires ruraux ne pas se priver de cet ornement.

Forteresse. Symbole de seigneurie, de juridiction, assez commun sur les sceaux du xiie siècle.

Globe du monde (Le) est le symbole d'une domination qui semble s'étendre sur le monde entier. Les sceaux de Hugues Capet et de Robert sont les seuls qui présentent ce symbole.

Main de justice. Ce symbole de la justice souveraine des rois et des princes ne se montre point sur les sceaux de France depuis Hugues Capet jusqu'à Louis X. Charles VI serait le premier roi qui aurait introduit l'usage de porter le sceptre avec la main de justice.

Oiseau. Un oiseau sur le poing d'une dame est la marque d'une condition distinguée, parce qu'anciennement les dames de grande qualité ne paraissaient guère en public sans cet attribut. (D. de Vaines.)

Piques. Les piques et javelots dans les sceaux sont la marque du commandement. On remarque ces symboles sur l'anneau de Childéric et sur les sceaux de Charles le Gros.

Portes. Symbole de juridiction assez commun sur les sceaux du XIIe siècle.

Sceptre. Le sceptre, marque de la puissance souveraine, ne paraît pas sur les sceaux des rois de France avant Lothaire, fils de Louis d'Outremer. Il ne faut pas le confondre avec le bâton royal, qui est le symbole du gouvernement et de l'administration. Celui-ci figure quelquefois sur les sceaux.

Tours. Symbole de juridiction, commun sur les sceaux du XIIe siècle.

T

TABELLION (*Tabellio*). V. Notaires.

TABELLIONAGE. Exercice du tabellion.

« Les tabellions furent créés en titre d'office par l'édit de 1542. En 1597, ils furent réunis aux notaires par Henri IV.

« Cependant le nom de *tabellion* est resté aux officiers qui font l'office de notaire dans les seigneuries et justices subalternes. » (D. de Vaines.)

« Les sceaux des contrats des châtellenies présentent également un grand intérêt local, parce que toutes ces pièces donnent les armes de la famille qui possédait la seigneurie du lieu au moment où ces sceaux ont été apposés ; c'est un moyen puissant d'étude pour l'histoire des petits feudataires des xiv⁰ et xv⁰ siècles. » (E. HUCHER, *Sigill. du Maine.*)

LÉGENDES :

SCEAV DV TABEL. R. D'ÉVREVX. Plaqué sur cire jaune, entre deux papiers (xviie s.). Dans le champ, un écu royal couronné. Ovale.

SCEAV DV TABELLIONNAGE DE LOVIERS. Plaqué sur cire jaune, entre deux papiers. Champ. Un écu royal couronné, accompagné, à gauche et à droite, d'un L couronné. Ovale.

LE SEAV DV TABELLIONNAGE DE GARENTIERES. Plaqué sur cire jaune, entre deux papiers, aux armes du seigneur du lieu, entourées d'un collier de l'ordre. Ovale. (1613.)

S. DES ACTES DE IACQVS LEMAIRE. Plaqué sur cire jaune, entre deux papiers, à l'écu de France couronné (1685). Rond.

SEEL. R. DE. SÉES. Plaqué, entre deux papiers, à l'écu royal couronné. Ovale.

(*V.* NOTAIRES.)

TEMPLIERS (*Templarii, Milites Templi, Milites Christi*). *V.* CHEVALIERS DU TEMPLE.

TIMBRE (*Signum regium*). Marque faite à l'encre noire, et à l'aide d'un coin gravé en relief, sur tout le papier et le parchemin employés dans les actes de justice et les expéditions des notaires.

Les timbres contenaient ordinairement les armes des souverains; mais, en France, ils variaient selon les provinces, les généralités et les actes mêmes, puisque les notaires et les greffiers ont différents timbres et que les notaires de Paris, par une déclaration de 1730, devaient écrire leurs actes sur du papier timbré du timbre ordinaire des fermes du roi et, outre cela, d'un timbre particulier, intitulé : ACTES DES NOTAIRES DE PARIS.

Ce ne fut qu'en 1655 qu'on s'occupa, en France, de l'établissement d'une marque sur le papier et le parchemin, pour la validité des actes, par un édit qui, bien qu'enregistré, serait resté sans en effet si, en 1673, deux autres déclarations successives n'étaient venues le corroborer invariablement.

Les anciens timbres présentaient, outre les insignes propres à chaque généralité, les indications suivantes en forme de légende ou autre :

PETIT. PAP(IER). X. DEN(IERS) LE FEUILL(ET) * GEN(ERALITÉ) DE PARIS.* Forme ronde; l'écu royal au centre.

GÉNÉRALITÉ D'ALENÇON. Forme ronde; au centre, aigle éployé, chargé d'une fleur de lis. (Pour le papier de six deniers.)

GÉNÉRALITÉ DE ROVEN. — DIX-HVIT DEN(IERS). Une tour supportant un soleil couronné, accosté de deux bannières et de deux lions contournés ; le tout appuyé sur une plinthe.

TRÉSORERIE (*Thesauraria*). Charge de trésorier de quelque église collégiale ou cathédrale.

La *Société de Sphragistique* nous a fait connaître un sceau de la trésorerie du chapitre de l'église cathédrale de Langres, sur lequel on lit en lettres capitales gothiques :

✠ SIGILLVM THESZAVRARIE LINGONENSIS. Dans le centre, le patron de l'église, avec un écusson de chaque côté du saint. Forme ogivale (xive siècle).

———

U

UNIVERSITAS (*Université, Généralité*). Ce mot remplace quelquefois celui de CAPITULUM sur des sceaux d'églises cathédrales ou collégiales.

On le trouve gravé aussi sur des sceaux de ville. M. de Wailly, dans ses *Eléments de Paléographie*, cite un sceau de chapelle où ce mot *universitas* est aussi employé, et dont voici la légende :

✠ S. P̄ORS. Z. VĪVSITATIS. CLĪCOR. CAPLE. BE̅ M̅. M̄OTIFER'.
(Sigillum prioris et universitatis clericorum capelle beate Marie Montisferrandi.)

UNIVERSITAS CIVIUM. Généralité, communauté des habitants.

LÉGENDE :

✠ SIGILL. VNIVERSITATIS CIVIVM. N····

(*V.* COMMUNE, SCEAUX DE VILLE.)

UNIVERSITÉ (*Universitas, Academia, Collegium*). Corps composé de régents et d'écoliers ; — principale école où l'on enseignait le droit canon et le droit civil, la philosophie, la médecine et la théologie ; — institution où l'on prend ses degrés.

Les universités ont eu des sceaux aussitôt leur création. Celle de Paris était regardée comme la mère des autres universités de France. Ce fut sous le règne de saint Louis

qu'on vit, pour la première fois, la corpora-
tion des écoles de Paris prendre et recevoir le
titre d'*Université*, mot qui signifiait l'univer-
salité des sciences enseignées dans ces écoles.
Les autres universités étaient celles de :

Angers, fondée en 1364 par Charles V.
Bordeaux....... 1472 par Louis XI.
Bourges........ 1469.
Besançon....... (V. Dôle).
Caen .... 1436 par les Anglais, sous
le règne de Henri VI.
Dôle........... par Philippe le Bon, duc de
Bourgogne, et transférée
à Besançon par Louis XIV.
Douai.......... 1572 par Philippe II, roi
d'Espagne.
Grenoble .... 1339 par le dauphin Hum-
bert II, et transférée à
Valence, en 1454, par
Louis XI.
Montpellier..... 1283, et confirmée en 1537
par François Ier.
Nancy.... ..... 1769.
Nantes.... .... vers 1462 par Pie II, à la
sollicitation de François
II, dernier duc de Bre-
tagne.

Orléans fondée en 1305 par Clément V, et con-
　　　　firmée en 1312 par Phi-
　　　　lippe le Bel.
Pau.... ... ... 1722.
Poitiers .... 1431 par le pape Eugène
　　　　et Charles VI.
Reims.......... 1548 sous Henri II.
Toulouse .... 1223 par une bulle de Gré-
　　　　goire IX.
Valence........ (V. Grenoble.)

Tous ces établissements, supprimés à la
Révolution, furent reconstitués en grande partie sur de nouvelles bases par le décret du
10 mai 1806.

Les sceaux des universités ont affecté la
forme tantôt ogivale, tantôt ronde, tantôt
ovale. Ils représentaient dans leur champ
soit la Vierge, soit un saint patron, soit un
professeur instruisant des écoliers, soit des
insignes, des emblèmes relatifs aux arts et
aux sciences. On y remarque aussi des compartiments, des niches gothiques, des écussons, des banderolles ou philactères chargées
de devises, de sentences, de versets allégoriques. Les légendes, suivant les époques,
sont exprimées en capitales gothiques, en

minuscules gothiques, ou en capitales romaines.

Plusieurs universités eurent leur grand sceau, leur petit sceau et leur contre-sceau.

La plupart des sceaux universitaires furent en pleine cire jusqu'au xvie siècle ; et, passé cette époque, ils se montrent plaqués entre deux papiers sans cesser d'être pendants.

Nous avons sous les yeux un sceau plaqué, suspendu par une attache de parchemin à un diplôme de 1742, de l'université de Paris pour la *faculté des arts*, dont la légende en minuscules gothiques est ainsi conçue :

SIGILLVM . PRECLARE . FACVLTATIS : ARTIVM PARISIENSIS.
Forme orbiculaire, 8 centimètres de diamètre. Dans le champ, la Vierge assise sous un dais gothique, entre quatre écussons aux armes : 1o de France ; 2o de Normandie ; 3o de Picardie, et 4o d'Allemagne. Le sceau-type est déposé au cabinet des médailles, et a été gravé en 1513. Au contre-scel, un soleil ; pas de légende (xvie siècle).

Sur un autre de la même université, et également plaqué et pendant, on lit en capitales gothiques :

S' VNI(versitatis) MAGISTROR(um) : SCOLARIV̄ : PARIS....

Ce sceau, quoique faiblement marqué en

quelques endroits, laisse voir plusieurs personnages distribués dans neuf niches gothiques du XIIIᵉ siècle ; forme ronde, 8 centimètres de diamètre. Et au contre-scel, mêmes caractères, on lit :

✠ SECRETVM : PHILOSOPHIE. Forme orbiculaire, 4 centimètres 1|2. Pendant à un diplôme de 1775, où l'on dit qu'on a scellé avec le grand sceau : *Sigillum nostrum magnum præsentibus litteris duximus apponendum.*

La faculté de théologie de Paris eut un sceau dès 1221 ; il représente le Christ accosté de deux anges portant les instruments de la passion. Aux quatre coins sont les symboles des quatre évangélistes, etc.; pas de contre-sceau. Légende frustre ne laissant voir que les mots THÉOLOGIE (PA)RISIE(NSIS.)

La faculté de médecine n'a eu de sceaux qu'à partir de l'an 1274. On y voit une femme assise tenant d'une main un livre et de l'autre un bouquet de plantes ; à ses côtés, des étudiants, et pour légende en majuscules gothiques :

✠ SIGILLVM MAGISTRORVM FACVLTATIS MEDICINE PAR(ISIENSIS). Forme orbiculaire.

Cette faculté avait un contre-sceau dont l'inscription était :

✠ SECRET(VM) GLORIOSISSIMI YPOCRATIS. Hippocrate assis et enseignant.

La faculté des arts, dite *Nation anglaise*, avait vers la fin du XIIIe siècle un sceau ovale divisé en plusieurs compartiments occupés par des personnages, parmi lesquels on distingue seulement sainte Catherine et saint Martin avec leurs attributs, et un professeur faisant la leçon à des écoliers. La légende était en majuscules gothiques :

SIGILLVM NACIONIS ANGLICANE.

Sur le contre-sceau était un professeur debout, et on y lisait :

✠ S' RECEPTOR(IS) NAC(I)ONIS ANGLICANE PAR(ISIENSIS).

A ces renseignements sommaires, qu'on trouvera plus développés dans les *Eléments de Paléographie* de M. de Wailly, nous ajouterons les formules généralement usitées pour les légendes des sceaux universitaires :

✠ SIGILLVM MAIVS ou MAGNVM VNIVERSITATIS N.... (*Nomen loci.*

✠ —— MINVS —— —— N....

✠ SIGILLVM VNIVERSITATIS STVDII N....

✠ —— —— SCOLARIVM STVDII N....

✠ —— FACVLTATIS IVRIDICAE STVDII N....

✠ —— —— —— ACADEMIE N....

✠ —— —— ARTIVM STVDII N....

✠ —— —— THEOLOGICAE N....

✠ —— —— MEDICINE N....

✠ —— —— PHILOSOPHICAE ACADEMIE N....

✠ —— COLLEGII IVRIDICI IN STVDIO N....

✠ —— RECTORATVS STVDII N....

✠ —— SENATVS ACADEMIE N....

URBS (*Ville*). *V*. Sceaux de ville.

———

V

VEUVE (*Vidua relicta, déguerpie*). Les veuves des rois, mariées en secondes noces à des seigneurs privés conservaient leur qualité de reine sur leurs sceaux. (*Histoire gén. de la maison de France,* t. III, p. 78.)

Les veuves nobles conservaient en général le sceau qu'elles avaient du vivant de leurs maris. Jeanne de Flandre, femme d'Enguer-rand de Coucy, cependant devenue veuve, fit graver un nouveau sceau avec cette légende :

: S. IOHANNE DE FLANDRIA VXORIS QVONDAM DN̄I COVCIACY.

Les femmes veuves de la classe bourgeoise avaient aussi leurs sceaux propres.

LÉGENDES :

✠ SIGILL' AGNETIS VIDVE RICARDI DE AVDREIO. (XIIᵉ S.)

✠ S' CECILIE RELICTE PHI' (Philippi) ROGERII. (XIIIᵉ S.)

VICOMTE (*Vicecomes*). Lieutenant du comte. Ce titre ne fut en usage en France que vers la fin de l'empire de Louis le Débonnaire. Il se donnait aussi au seigneur d'une terre éri-gée en vicomté. Ce fut à la fin du XIᵉ siècle que les vicomtes joignirent à ce titre le nom du chef-lieu de leur domaine.

Les femmes de vicomtes prenaient le nom de vicomtesse (*vicecomitissa*), comme il se voit sur leurs sceaux.

LÉGENDES :

✠ SIG'. N.... VICECO(M)ITIS. D(E) N....

✠ S' GERVASIE . VICECOMITISSE . DE ROHA(N) DN̄E (Domine) DINANNI.

Et au contre-scel :

✠ CONTRAS(IGILLVM) GERVASIE DN̄E DINANNI. (*V*. Pl. vi.)

Les vicomtes, lieutenants des comtes, les avaient remplacés dans l'administration de la justice.

Il faut entendre aussi par vicomtes les officiers de justice.

Ils eurent des sceaux dès le xiie siècle ; mais ils n'en usèrent communément qu'au xiiie, et s'en servaient au lieu de signatures pour autoriser les actes.

Chaque juge ou vicomte avait son sceau particulier ; mais, depuis que Philippe le Long eut réuni à son domaine les sceaux des justices royales, leurs sceaux devinrent publics.

Légende :

SIGILLVM N···· VICECOMITIS DE N···· Avec ou sans contre-scel. (*V*. Vicomté.)

VICOMTÉ (*Vicecomitatus*). Dès le moment que les sceaux des vicomtes, de particuliers qu'ils étaient, devinrent publics, ils ne se montrèrent plus qu'avec le titre général de vicomté, tels que nous les présentent les légendes suivantes :

✠ S'. VICECOMITATVS DE N····

✠ LE GRANT SEEL AVX CAVSES DE LA VICONTÉ DE N····

✠ S'. OBLIGATIONIS VICECOMITATVS DE N····

✠ LE PETIT SEEL DE LA VICONTÉ DE N····

✠ LE SEEL DES OBLIGATIONS DE LA VICOMTÉ DE····

✠ CS' (contre-scel) DE LA VICONTÉ DE····

Ces sceaux ont pour figures des tours, des portes, des ponts, avec ou sans fleurs de lis. (*V.* Vicomte.)

VIDAME (*Vicedominus*). Les vidames, représentants des seigneurs et des évêques pour le temporel, eurent des sceaux publics quand l'usage en fut devenu commun.

Légende :

✠ S'. N···· VICEDOMINI DE····

VIDIMUS. Copie collationnée d'un ancien titre faite par une personne publique et dans certains siècles par les seigneurs et même les souverains. Ce nom vient de ce que le prince, le juge ou l'évêque attestait par écrit qu'il avait vu ce titre, et que nul n'en devait révo-

quer en doute la vérité. Comme cette attes-
tation commençait ordinairement par le mot
Vidimus (nous avons vu), elle en retint le nom.
L'original vidimé était transcrit mot pour mot
dans le nouvel acte qui le faisait revivre et en
confirmait l'authenticité.

Mais ce qui doit rendre le *vidimus* précieux
aux yeux du sigillographe, c'est que dans cet
acte on oublie rarement de mentionner et de
décrire les sceaux attachés à la charte originale.

C'est dans un *vidimus* de 1450 que nous re-
trouvons cette précieuse indication sigillographique :

« Nous avons vues et lues mot à mot unes
lettres données du comte Simon d'Evreux
(Simon de Montfort, 1149-1181), scellées de
cire vert et double queue faicte d'une cou-
roye de cerf, ouquel seel estoit apparans,
en l'une des parties du seel, la figure d'un
homme à cheval portant par apparance une
targe et une lance en sa main, et en l'autre
part dud. seel avoit pareillement en emprain-
ture la figure d'un autre homme à cheval
tenant en sa main et à sa bouche, par apparance, la figure d'un cor de chace, et estoient

icelles lettres saines et entières en seel et en escripture. »

Voilà donc la description d'un sceau du XIIe siècle dont les empreintes sont sans doute détruites. Certes, c'était bien là le fait d'un grand seigneur amateur de la chasse d'attacher son sceau avec des courroies de cerf.

C'est à de semblables descriptions, fournies par les *vidimus*, que nous devons de connaître une foule de particularités qui intéressent la science héraldique et la sphragistique, et qu'un grand nombre de sceaux perdus ne peuvent plus nous donner.

Selon les Bénédictins, l'usage du mot *vidimus* pour qualifier cette espèce de pièce n'est bien constant que depuis le XIVe siècle.

VIDUA (*Veuve*). V. ce mot.

VILLE (*Villa*, *Civitas*, *Urbs*). V. COMMUNE et SCEAUX DE VILLE.

FIN.

BIBLIOGRAPHIE

SIGILLOGRAPHIQUE

ALLOU. Description des monuments des différents âges observés dans le département de la Haute-Vienne. — *Limoges*, 1821, in-4º.

L'auteur signale quelques particularités touchant les sceaux du moyen âge.

ANALYSE critique de la Collection des diplômes, sceaux, cachets et empreintes de la collection de M. de Renesse-Breidbach. — *Anvers*, 1836, in-8º.

Ce volume contient plus de 3,000 diplômes, avec leur date et mention de leurs sceaux, depuis le IXᵉ siècle jusqu'en 1708.

ANIBERT. Mémoires historiques et critiques sur l'ancienne république d'Arles. — *Iverdon*, 1779-1781, 4 vol, in-12.

Le t. IV contient des planches de sceaux des consuls, des chefs des métiers et des archevêques.

ANNALES archéologiques publiées par Didron. — *Paris,* 1844-1859, in-4°.

On y trouve divers travaux sur la reproduction et l'histoire des sceaux. — *Voy.* t. IV, p. 255 ; VIII, p. 286, 343 ; IX, p. 65, 400.

ARBOIS DE JUBAINVILLE (d'). Essai sur les sceaux des comtes et comtesses de Champagne.— *Paris,* 1856, in-4°.

Planches.

ARCHIVES historiques du département de la Gironde, t. Iᵉʳ, 1859, in-4°.

Nombreuses figures de sceaux.

ARNAUD. Voyage archéologique dans le département de l'Aube. — *Troyes,* 1837, gr. in-4°.

Nombreuses planches. On y trouve une suite de sceaux de la Champagne.

BALUZE. Histoire généalogique de la maison d'Auvergne. — *Paris,* 1708, 2 vol. in-f°.

Elle contient une grande quantité de sceaux.

BASCLE DE LA GRÈZE. Le Trésor du château de Pau, en Béarn, ou Description des archives du château de Henri IV. — *Pau,* 1852, in-8°.

On y trouve des considérations sur l'emploi des sceaux et des bulles métalliques.

BLAVIGNAC. Armorial genevois, ou Essai historique sur les armoiries, les sceaux, les bannières, etc. de Genève. — *Genève,* 1849, in-8°.

Planches de blasons et de sceaux.

BOUCHET (du). Histoire généalogique de la maison de Courtenay. — *Paris*, 1661, 1 vol. in-fº.

BOURASSÉ (l'abbé). Dictionnaire d'archéologie sacrée. — *Paris*, 1851, 2 vol. gr. in-8º.

On y trouve des renseignements sur l'origine et l'étude des sceaux.

BUSCHING (J.-C.-Th.). De Antiquis silesiacis sigillis et eorum descriptio authent. in tabulis silesiacis reperta. — *Breslaw*, 1824, in-4º.

CALMET (Dom). Histoire généalogique de la maison du Châtelet. — *Nancy*, 1741, in-fº.

— Histoire ecclésiastique et civile de Lorraine. — *Nancy*, 1728, 4 vol. in-fº.

CARLIER (J.-J.). Notice historique sur le scel communal, les armoiries et les cachets municipaux de la ville de Dunkerque. — *Dunkerque*, 1855, in-8º, 72 p.

CARTULAIRE de l'abbaye des Vaux-de-Cernay, publié par MM. Merlet et Moutié. — *Paris*, 1857-1859, 3 vol. in-4º et atlas de sceaux in-fº.

CHABERT. Notice sur le sceau d'or apposé par François, duc de Guise, au bas du brevet, parchemin, donné aux religieux de l'abbaye de St-Arnould, le 14 septembre 1552. — *Metz*, 1849.

CHABOUILLET. Catalogue général des camées, etc. de la Bibliothèque Impériale.— *Paris*, s. d., 1858, in-12, br., in-8º, 11 p.

Il est question des sceaux d'or et d'argent, de matières dures et de terre cuite.

CHASSANT. Paléographie des chartes et des manuscrits du XIe au XVIIe siècle, 4e édition. — *Paris*, 1854, in-12.

Neuf planches, dont une de sceaux.

CORBINELLI. Histoire généalogique de la maison de Gondi. — *Paris*, 1705, 2 vol. in-4º.

DASSY (L.-F). Les Sceaux de l'église de Marseille, au moyen âge. — *Paris*, 1858, in-8º.

Avec 34 gravures de sceaux inédits.

DELISLE (Léopold). Observations sur la manière de sceller les lettres au moyen âge.

Voy. Bibl. de l'École des chartes. Août 1856, p. 533.

DESCHAMPS DE PAS. Sceaux des comtes d'Artois. — *Paris*, 1857, in·8º.

DE VAINES (Dom). Dictionnaire raisonné de diplomatique. — *Paris*, 1774, 2 vol. in·8º.

Voy. les mots *Sceau, Bulles, Contre-scel*, etc.

D'HOZIER. Armorial de la Noblesse. — *Paris*, 1736-1768, 10 vol. in-fº.

Planches de sceaux.

DU CHESNE (A.). Histoire généalogique de la maison de Montmorency et de Laval. — *Paris*, 1623, 2 vol. in-fº.

— Histoire généalogique de la maison de Chastillon-sur-Marne. — *Paris*, 1621, in-fº.

— Histoire généalogique de la maison de Béthune. — *Paris,* 1639, in-f°.

— Histoire généalogique de la maison de Béthune, par l'abbé de Douay, pour servir de supplément à l'ouvrage de du Chesne. — *Paris,* 1783, in-f°.

— Histoire généalogique de la maison de Dreux. — *Paris,* 1631, 1 vol. in-f°.

— Histoire généalogique de la maison de Chasteigners. — *Paris,* 1634, in-f°.

— Histoire généalogique de la maison de Vergy. — *Paris,* 1625, in-f°.

DUFRESNE (A.). Dissertation sur l'origine des sceaux et sur leur usage, principalement dans l'évêché de Toul. — *Metz,* 1858, in-8°.

Tiré à part des Mémoires de l'académie de Metz.

DUFRESNE D. DU CANGE (Carol.). Glossarium ad scriptores mediæ et infimæ latinitatis, avec le supplément de Dom Carpentier. — *Paris,* 1736-1766, 10 vol. in-f°.

Voy. le mot *Sigillum.*

DUPONT. — Lettres à M. le Cte L. de Laborde sur un recueil inédit de sceaux du Châtelet de Paris. — *Paris,* 1852 (extr. de la Revue archéologique, 9e année), gr. in-8°.

Avec planches.

ENCYCLOPÉDIE méthodique (antiquités), in-4º.

> Le t. V contient un traité sur les sceaux, p. 319 et suiv.

FAHNE. Histoire des Familles de Cologne, de Juliers, etc. — *Cologne*, 1848, in-fº.

> En allemand. Sceaux gravés sur bois des familles des bords du Rhin.

GUICHENON. Histoire généalogique de la maison royale de Savoie. — *Lyon*, 1660, 2 vol. in-fº.

HAGELGANS (Joan.-Georg.). Orbis litteratus academicus germanico-europæus, præcipuus musarum sedes, societates, universitates earumque fundationes, privilegia, eventus, teutonicarum sigilla, prototypis conformia, etc. — *Francofurti*, 1737, in-fº.

> Nombreuses planches de sceaux.

HEINECCIUS. De veteribus Germanorum aliarumque nationum sigillis, eorumque usu et præstantia, syntagma historicum cum sigillorum iconibus. — *Francofurti* et *Lipsiæ*, 1709.

HERMAND (Alex.) et **DESCHAMPS DE PAS** (L.). Sigillographie de la ville de Saint-Omer, fort vol. in-4º.

> Orné de 40 planches sur métal. Ouvrage dont la publication est annoncée.

HERRGOTT. Genealogia diplomatica augustæ gentis Habsburgicæ. — *Viennæ Austriæ*, 1737, 3 vol. in-fº.

HEUMAN (Jo.). Commentarii de re diplomatica imperatorum ac regum Germanorum inde a Caroli Magni temporibus adornati. — *Norimbergæ*, 1746-1749, 3 vol. in-4º.

Avec planches de sceaux carlovingiens.

HEWITT (John). Ancient armour and weapons in Europe. — *Oxford*, Parker, 1855, 2 vol. in-8º.

Nombreuses gravures. Grands sceaux des rois d'Angleterre et d'Ecosse.

HOPINGK (Theodor). De sigillorum prisco et novo jure tractatus practicus.—*Norimbergæ*, 1642, in-4º.

HUCHER (E.). Sigillographie du Maine, précédée d'un Aperçu général sur la Sphragistique.

Voy. le Bulletin monumental de M. de Caumont, 18e vol., année 1852.

HUEBER. Austria illustrata ex archivis Mellicensis. *Leipsik*, 1722, in-fº.

Contient plus de 300 sceaux.

JUSTEL (Christophe). Histoire généalogique de la maison d'Auvergne. — Histoire généalogique de la maison de Turenne. — *Paris*, 1645.

Planches de sceaux.

LECHAUDÉ D'ANISY. Extrait des chartes et autres actes normands ou anglo-normands qui se trouvent dans les archives du Calvados. — *Caen*, 1834, 2 vol. in-8º et atlas in-4º.

L'atlas contient environ 500 sceaux.

LEMOINE. Diplomatique pratique. — *Metz*, 1765, in-4°.

> *Voy.* ch. x, sect. iv : *Des Sceaux, Forme, Matière, Couleurs, Légendes, Ornements, Attaches, Contrescels, Observations, Conservation.*

LEYSERI (Polycarpi). Commentatio de contra-sigillis medii ævi. — *Helmst.*, 1726, in-4°.

Planches de sceaux.

LOBINEAU (Dom Alexis). Histoire de Bretagne. — *Paris*, 1707, 2 vol. in-f°.

Avec planches de sceaux.

MABILLON. De re diplomatica, libri VI. — Supplementum librorum de re diplomatica. — *Parisiis*, 1709-1714, 2 vol. in-f°.

MAS-LATRIE. Lettre à M. Beugnot sur les sceaux de l'ordre du Temple-de-Jérusalem au temps des Croisades, in-8°.

> *Voy.* t. IV, 2ᵉ série, bibliothèque de l'École des chartes, p. 385-404.

— Dictionnaire de numismatique et de sigillographie religieuses. — *Paris*, 1852, gr. in-8°.

Avec figures.

— Article sur les sceaux dans les *Annales de philosophie chrétienne*. Mai 1858.

MÉMOIRES de la Société Éduenne, ann. 1844-1845.

> Ces deux vol. contiennent plusieurs planches de sceaux.

MENESTRIER (Claude). Recberches du blason (2ᵉ partie) : De l'usage des armoiries. — *Paris*, 1673, in-12.

> *Voy.* ch. IV : *Des Sceaux, de leur forme et de leurs figures.*

MIGIEU (de). Recueil des Sceaux du moyen âge, dits sceaux gothiques. — *Paris*, 1779, in-4º.

MORICE (Dom). Mémoires pour servir de preuves à l'Histoire de Bretagne. — *Paris*, 1742, 2 vol. in-fº.
Avec planches de sceaux.

MOUTIÉ. Notice sur un sceau inédit de la reine Blanche. — *Paris*, 1856 (extr. de la Revue archéolog., 13ᵉ année), gr. in-8º.
Planches.

MOYEN AGE (le) et la Renaissance, publié par Seré. — *Paris*, 1848-1851, 5 vol. in-4º.

> *Voy.* t. I, III et IV.

MURATORII (Lud.-Anton.) Dissertatio de sigillis medii ævi.

> *Voy.* t. III, *Antiquitat. italicarum diss.*

PERARD. Recueil de plusieurs pièces curieuses servant à l'histoire de Bourgogne. — *Paris*, 1664, in-fº.

PIGANIOL DE LA FORCE. Description de la France. — *Paris*, 1752-1854, 15 vol. in-12.

> Il est question, dans le t. II de l'introduction, des sceaux et des chanceliers de France.

PIOT. De l'imitation des sceaux des communes sur les monnaies des provinces méridionales des Pays-Bas et du pays de Liége. — *Bruxelles,* 1848, in-8º.

Planches.

PLANCHER (Dom). Histoire générale de Bourgogne. — *Dijon,* 1739, 4 vol. in-fº.

POMMERAYE (Dom). Histoire de l'abbaye de Saint-Ouen de Rouen. — *Rouen,* 1667, in-fº.

QUANTIN. Dictionnaire raisonné de Diplomatique chrétienne, publié par l'abbé Migne, et formant le XLVIIᵉ tome de son Encyclopédie théologique. — *Paris,* 1846, in-4º.

Voy. au mot *Sceau.*

RAM (de). Notice sur les sceaux des comtes de Louvain et des ducs de Brabant, de 976 à 1430. — *Bruxelles,* 1852, in-4º.

Avec 12 planches.

RAYNAL. Histoire du Berry. — *Bourges,* 1845-1847, 4 vol. in-8º.

REINAUD. Monuments arabes, persans et turcs du cabinet du duc de Blacas, etc. — *Paris,* 1828, 2 vol. in-8º.

Il y est question de l'usage des cachets et des sceaux chez les divers peuples, t. I, p. 97-130.

REVUE archéologique. — *Paris,* 1844-1859, in-8°.

On y trouve des articles sur les sceaux dans les neuf premiers volumes.

RYMER. Fœdera, conventiones, litteræ et cujuscumque generis acta publica. — *London,* 1704-1735, 20 vol. in-f°.

Cette importante collection renferme de très-belles planches de sceaux.

SALMASII (Claudii). De suscribendis et signandis testamentis, item de antiquorum et hodiernorum sigillorum differentia.—*Lugd. Batav.,* 1653, ex offic. Elzevir., in-8°.

SAVA (Ch. de). Les sceaux moyen âge des abbayes autrichiennes. — *Vienne,* Braumüller, in-4°.

54 p. en allemand.

SCEAUX des rois et reines de France. — *Paris,* 1834, in-f°.

— des grands feudataires de la couronne de France. — *Paris,* 1836, in-f°.

— des communes, communautés, évêques, abbés et barons. — *Paris,* 1837, in-f°.

— des rois et reines d'Angleterre. — *Paris,* 1835, in-f°.

Ces quatre ouvrages font partie du Trésor de numismatique et de glyptique.

SCHOEPFLINI. Alsatia illustrata. — *Colmariœ,* 1752, 2 vol. in-f°.

SOCIÉTÉ de Sphragistique. — *Paris,* 1851-1855, 4 vol. gr. in-8º.

Les bulletins de cette Société renferment sur les sceaux des documents et des mémoires instructifs, accompagnés de planches gravées d'après les monuments originaux.

SOULTRAIT (de). Notice sur les sceaux du cabinet de Mme Febvre, de Mâcon. — *Paris,* 1854, in-8.

Figures.

SPON. Histoire de la ville de Genève. — *Genève,* 1730, 2 vol. in-4º.

STRUVIUS. Corpus historiæ germanicæ. — *Ienæ,* 1730, 2 vol. in-fº.

Cet ouvrage renferme de nombreux sceaux.

TAILLANDIER. Histoire du château et du bourg de Blandy, en Brie. — *Paris,* 1854, gr. in-8º.

TERNINCK. Essai historique sur l'ancienne cathédrale d'Arras. — *Arras,* 1853, in-4º.

Orné de 23 planches, dont plusieurs de sceaux.

— Notre-Dame du Joyel, ou Histoire légendaire de la chandelle d'Arras. — *Arras,* 1853, in-4º.

Orné de 9 planches, dont 2 de sceaux.

THULEMARIUS (Henr. Gunth.). De Bulla aurea, argentea, plumbea. — *Heidelbergæ,* 1682, in-4º. Item, *Francofurti,* 1693, in-fº.

TILLET (du). Recueil des rois de France, leurs couronne et maison, ensemble le rang des grands de France. — *Paris*, 1612, 2 vol. in-4°.

TOUSTAIN (Dom) et **TASSIN** (Dom). Nouveau Traité de Diplomatique. — *Paris*, 1750-1765, 6 vol. in-4°, avec pl.

> *Voy.* t. IV : *Des Sceaux, Antiquités, Usage, Définition, Sceaux des différentes classes de la société.*

VAISSETTE (Dom). Histoire du Languedoc. — *Paris*, 1730-1745, 5 vol. in-f°.

> Avec planches de sceaux au V° vol.

VALBONNAIS. Histoire du Dauphiné. — *Genève*, 1722, 2 vol. in-f°.

VALLET DE VIRIVILLE. Archives historiques du département de l'Aube. — *Troyes*, 1841, in-8°.

VIGNE (F. de). Recherches historiques sur les costumes civils et militaires des Gildes et des corporations de métiers, leurs drapeaux, armes, blasons, etc. — *Gand*, 1847, gr. in-8°.

> Orné de 35 planches, dont plusieurs représentent des sceaux.

VOSSBERG. Collection de sceaux et de cachets du moyen âge : polonais, lithuaniens, silésiens, poméraniens et prussiens. — *Berlin*, 1851, in-4°.

> Cet ouvrage, en allemand, renferme 25 planches contenant plus de 200 sceaux.

VREDII (Olivarii). Sigilla comitum Flandriæ et inscriptiones diplomatum. — *Brugis,* 1639, in-f°.

Nombreuses figures de sceaux.

— Genealogia comitum Flandriæ a Balduino ferreo usque ad Philippum IV, Hisp. regem, variis sigillorum figuris representata. — *Brugis-Flandr.,* 1642, in-f°.

Sceaux gravés.

WAILLY (Natalis de). Éléments de Paléographie.— *Paris,* Imprimerie roy., 1838, 2 vol. in-4°.

Le deuxième volume est consacré tout entier à l'étude des sceaux, avec de nombreuses planches.

Voy. aussi dans l'Annuaire de la Société de l'histoire de France, année 1840, Notice sur les sceaux, par M. de Wailly, p. 167 à 198.

WOLTERS. Notice histor. sur la ville de Maesseyck. — *Gand,* 1855, in-8°.

Contenant 7 planches de sceaux.

Archives de l'art français, recueil de documents inédits relatifs à l'histoire des arts en France, publiées sous la direction de MM. A. de Montaiglon et Ph. de Chennevières. *Paris*, 1852-1858, 5 vol. — **Abécédario** de P.-J. Mariette et autres notes inédites de cet amateur sur les arts et les artistes. Ouvrage publié d'après les manuscrits autographes conservés au cabinet des Estampes de la Bibliothèque impériale, et annoté par MM. de Chennevières et A. de Montaiglon. *Paris*, 1853-1858, 5 vol. — Ensemble 10 vol. in-8º..... 80 fr.
    Cette importante collection formera 12 vol.

Bordier et **Lalanne**. Dictionnaire de pièces autographes volées aux bibliothèques publiques de la France, précédé d'observations sur le commerce des autographes. *Paris*, 1853, in-8º.......... 10 fr.

Broceliande, ses chevaliers et quelques légendes, publié par M. du Taya. *Rennes*, 1839, 1 vol. in-8º.................................. 6 fr.
    Livre curieux tiré à petit nombre.

Burdin (G. de). Documents historiques sur la province de Gévaudan. *Toulouse*, 1846, 2 vol. gr. in-8º............................... 15 fr.

Cambry. Essai sur la vie et sur les tableaux du Poussin. *Paris*, an VII, deuxième édition, augmentée................................ 1 fr. 50

Catalogue de livres et documents sur la noblesse et l'art héraldique en vente aux prix marqués, chez J.-B. Dumoulin. *Paris*, 1858, in-8º....... 1 fr. 50
    Ce catalogue, contenant plus de 2,000 articles tant imprimés que manuscrits, tous relatifs à la noblesse, offre une collection d'ouvrages qu'il serait bien difficile de réunir, surtout à une époque où les livres de cette nature sont de plus en plus recherchés. Il est divisé en 6 parties. I. Histoire de la chevalerie et des différents ordres, civils, religieux et militaires. II. Histoire de la noblesse, contenant ses origines, droits, prérogatives, mœurs et usages. III. Cérémonial, maison du roi, offices, charges et dignités de la couronne et nation françaises. IV. Histoire héraldique et art du blason. V. Histoire généalogique des familles nobles et illustres de différents pays, particulièrement de la France. VI. Histoire des pairies, duchés, comtés, marquisats et seigneuries.

Chassant. Paléographie des chartes et des manuscrits du XIe au XVIIe siècle. *Paris,* 1854, pet. in-8º,
avec pl. in-4º (*4e édition*)................ 8 fr.

> Approuvé par le ministre de l'instruction publique, d'après
> l'avis du comité des chartes, pour la lecture des anciennes
> écritures.

Chevallet (A. de). Origine et formation de la langue
française, deuxième édition. *Paris,* 1858, 3 forts vol.
gr. in-8º............................ 34 fr.

> Cet excellent livre, fruit de longues études, a obtenu à
> l'Institut de France le prix Volney et l'un des prix Gobert
> en 1858.

Collection générale des documents français qui se
trouvent en Angleterre, recueillis et publiés par M. J.
Delpit. *Paris,* 1847, in-4º.............. 12 fr.

> Ce vol. renferme plus de 400 documents qui intéressent à
> un haut degré l'histoire de la noblesse française. On y trouve
> entre autres le procès-verbal des hommages rendus au
> Prince-Noir, en 1363, par les vassaux des sénéchaussées de
> Bordeaux, des Landes, de Bigorre, de Cahors, d'Agen, de
> Condom, de Périgord, du Rouergue, d'Angoulême, de Poi-
> tiers, de Saintes, de Limoges et d'Armagnac. Cette pièce
> contient à elle seule 1,047 articles. Le compte des dépenses
> et des recettes de la principauté d'Aquitaine, de 1363 à 1370,
> contient 832 articles où figurent un grand nombre de sei-
> gneurs anglais et français, etc., etc.

Combrouse (G.). Monuments de la Maison de
France, collection de médailles, estampes et portraits.
Paris, 1856, 1 vol. in-fol. sur papier vélin, orné
de 60 pl. gravées sur cuivre.............. 70 fr.

> Publication faite avec luxe, tirée à 125 exemplaires, im-
> primée par Claye.

Courcy (de). Nobiliaire de Bretagne, ou Tableau de
l'aristocratie bretonne, depuis l'établissement de la
féodalité jusqu'à nos jours. *Saint-Pol-de-Léon,* 1846,
in 4º................................ 12 fr.

> Ce nobiliaire, très-estimé, contient non-seulement la no-
> blesse de Bretagne, mais encore les familles étrangères de
> cette province qui s'y sont fixées depuis la dernière réforma-
> tion, avec la date des arrêts confirmatifs rendus dans leurs
> provinces respectives.

Du Bois. Recherches archéologiques, historiques, biographiques et littéraires sur la Normandie. *Paris*, 1843, in-8º br.......................5 fr.

Ce volume contient d'intéressants détails sur les possédés en Normandie, le poëte Montchrestien, François de Civille, trois fois mort et trois fois ressuscité; le chevalier de Clieu, qui dota la France du café, etc. La dernière partie de l'ouvrage est consacrée aux préjugés et superstitions, loups-garous, revenants, sortiléges, etc.

Dussieux. Nouvelles recherches sur la vie et les ouvrages d'Eustache le Sueur, avec un catalogue des dessins de le Sueur, par A. de Montaiglon. *Paris*, 1852, in-8º de 124 pages.................. 5 fr.

Duverger (A.-J.). Mémorial historique de la noblesse. *Paris*, 1839-40, 2 vol. gr. in·8º..... 12 fr.
Le prix de souscription était de 30 fr.

Fillon. Monnaies françaises inédites. *Paris*, 1853, in·8º, avec 10 pl. représentant plus de 200 monnaies, br................................... 10 fr.

— Considérations historiques et artistiques sur les monnaies de France. *Fontenay-Vendée*, 1850, in·8º, avec 4 pl., br................................... 7 fr.

Lenoir. Traité historique de la peinture sur verre et description de vitraux anciens et modernes, pour servir à l'histoire de l'art en France. *Paris*, 1856, gr. in·8º, avec 66 pl. gravées sur cuivre, cart... 15 fr.

Cette édition a été tirée à 85 exemplaires. On y a ajouté un supplément, deux tables et 12 planches, qui ne se trouvent pas dans l'édition précédente.

Longpérier Grimoard (A. de). Les évêques de Meaux. Notice héraldique, généalogique et numismatique. *Paris*, 1854, gr. in-8º............ 3 fr.
Tiré à très-petit nombre.

Mémoires inédits sur la vie et les ouvrages des membres de l'Académie royale de peinture et de sculpture, publiés d'après les manuscrits conservés à l'école impériale des Beaux-Arts. *Paris*, 1854, 2 forts vol. in-8º, br................................... 15 fr.

Cet ouvrage, publié sous les auspices de M. le ministre

de l'intérieur, et auquel M. Vitet a consacré une longue étude dans le *Journal des Savants*, est, avec celui de d'Argenville, le travail le plus important que nous ayons sur l'histoire des artistes français. Les biographies qu'il contient proviennent toutes des anciennes archives de l'Académie; les unes sont l'œuvre de ses historiographes, les autres sont les renseignements mêmes communiqués par les familles.

— Le même ouvrage, *papier de Hollande (tiré à 25 exemplaires)*.......................... 25 fr.

Mémoires sur les langues, dialectes et patois, tant de la France que des autres pays (avec la traduction de la parabole de l'Enfant prodigue en 85 patois différents). *Paris*, 1824, in-8º (t. VI des Ant. de France), br............................... 6 fr.

Quesneville. La Clef du blason, ouvrage élémentaire, avec figures d'après la méthode du P. Menestrier. *Paris*, 1857, in-8º de 54 p., 3 pl...... 2 fr.

Cet ouvrage, parfaitement conçu, donne en quelques pages le moyen d'expliquer avec facilité toutes les armoiries.

Woillez. Archéologie des monuments religieux de l'ancien Beauvoisis pendant la métamorphose romane. *Paris*, 1856, fort vol. in-fol., orné de 129 pl. représentant plus de 1,200 sujets, avec une carte archéologique indiquant les abbayes et prieurés, etc., cart., n. rog............................... 50 fr.

Cet ouvrage, fruit de longues années de travail, contient les monographies de plus de cent églises ou portions d'églises chrétiennes. Il constitue, par l'importance des monuments qui y sont décrits et la classification méthodique qui y est suivie, une véritable archéologie religieuse du nord de la France jusqu'à la fin du XIIe siècle. A ce point de vue, il s'adresse non-seulement à l'amateur d'histoire locale, mais encore au savant, à l'archéologue curieux d'étudier les différentes phases de notre architecture, surtout pendant la période si intéressante du moyen-âge.

Woillez. Iconographie des plantes aroïdes, considérées comme origine de la fleur de lis de France. *Amiens*, 1848, in-8º, orné de 10 pl., br.... 3 fr. 50

Evreux, A. Hérissey, imp.—1259.

Alphabets.

— Lettres capitales. —

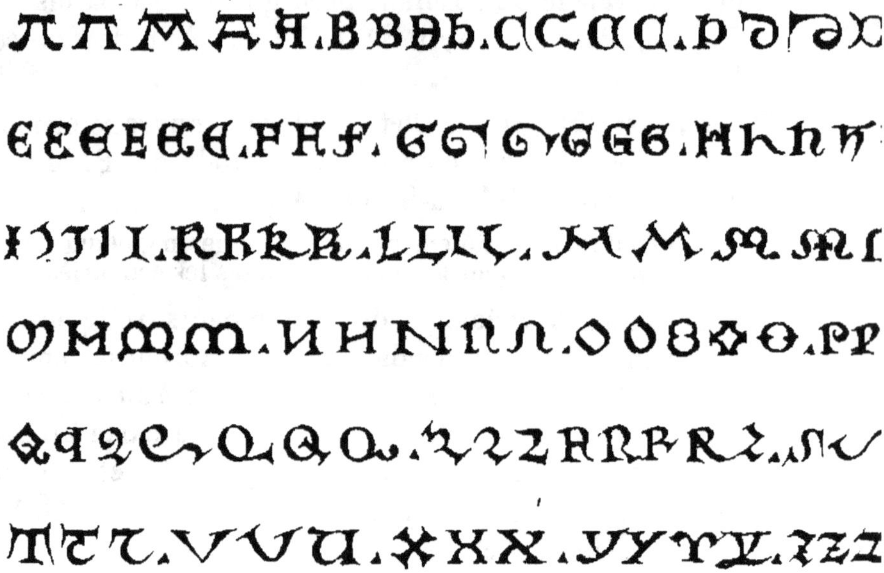

Minuscules gothiques.

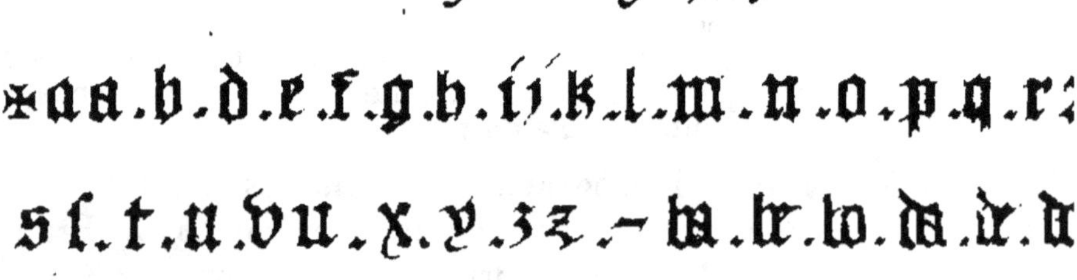

Lith. de A. Nonsse... à Epernay

Abréviations.

Signes abréviatifs.

m,	er,	us.	ur,	con, cun,	rum,
n.	re, ir	os.	tur.	com, cum.	ris.

Lettres abréviatives contresignées.

Ā	b̄	ē	d̄	f̄	ḡ	h̄	k̄	l̄	m̄	n̄	ō
an	ber	cum	der	fer	ger	her	ker	el·il	men	nen	om
am	bre	con	de	fre	gre	han	han	ul	mer	en	on

p̄	p̄	p̄	p̄	q̄	r̄	ʃ̄	ʃ̄	t̄	v̄	v̄	z̄
per	pre	pro	pus	que	rum	ser	ser	ter	ver	um	et
par	præ	por	pos	quer	ris.	sir	sir	tum	vir	un	......

Jé- ℔ S sus.

Monogrammes

XPS.

Christus.

Christus.

Christus et Alpha & Omega.

Abréviations.

ABBIE. *Abbatiæ*	GVHL. *Guillelmi*	SED? *Sedis.*
ABBIS. *Abbatis*	IEH. *Jehan.*	SG'. *sigillum.*
BALL. *ballaviæ*	IEHE. *Jehanne.*	SGIEL. *Sigillum.*
BE ou BE. *beatæ.*	IOHIS. *Johannis.*	SP. SIG *Sigillum.*
BI. ou ti. *beati.*	IPATE. *Imperatriffæ*	S'PV. *sigill.ᵐ parvum.*
BO₂ ou boꝝ *beator:ᵐ*	MAGRI. *magistri.*	S: SIG'. *Sigillum.*
C'. *Comes.*	MARCH? *Marchionif.*	TAB. *tabellion.ᵉ*
CAPLE. *capellæ.*	MART? *martyris*	THEOL. *theologiæ.*
CAPLI? *capituli.*	MIH?. *militis.*	ꞇ ou ꞇ. *et.*
CARD? *Cardinalis*	NRI. *nostri.*	V̊. *Virginis.*
CAS. *causas.*	ORD? *Ordinis.*	VIC? *vicecomitis.*
CHR. *Chevalier.*	PBRI. *prasbyteri*	WI. *Villelmi.*
CLCI. *clerici.*	ꝦORL. *prioris.*	WELI *villelmi.*
CNTS. *contrasigil.ᵐ*	PP. *Papa.*	XPI. *Chrifti.*
COIT? *Comitis.*	PRæP? *prepofituræ*	Z ou Z. *et.*
COTS. *contrasigil.ᵐ*	PSVL? *presulis.*	
CVR?. *curiæ.*	ꝑuīCIE. *Provinciæ*	
B' ou B? ꝺ. *de.*	RIC? *Ricardi.*	
DI. *Dei.*	ROB? *Roberti.*	9MVHIE *communiæ.*
DNE. *dominæ.*	ROG? *Rogerii.*	9TESSE *contesse.*
DOI. *Domini.*	S' ou S? S *sigillum.*	9TRAS? *contrasigill.ᵐ*
ECCLE. *Ecclesiæ.*	f. *sire.*	9TS. *Contrasigillum.*
EPI. *Episcopi.*	SCE. *sanctæ.*	9S ou 5S *contrasigil.ᵐ*
FRIS. *fratris.*	SCOR. *sanctorum.*	
GRA. *gratia.*	SCV? *scutiferi.*	[2. 2. 5. 5. 5.]
		et

Bullen de Papes.

1

CELE
STINVS
PP.III

2

SPASPE

3

ALE
XANDER
PP.IIII

SCEAU ÉQUESTRE.

1

2

Marques de Notaires apostoliques.

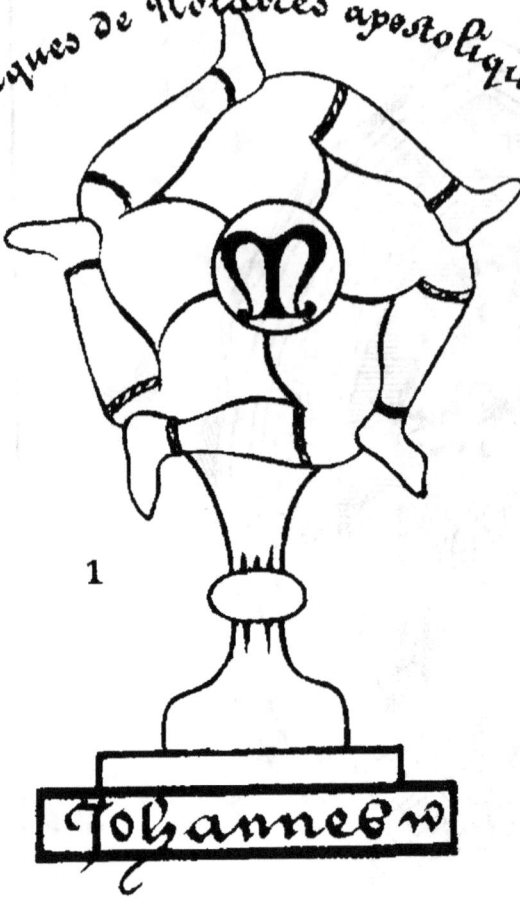

1

Johannes

2

Hesbert

1

2

3

4

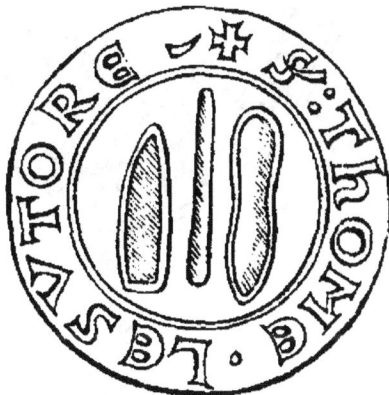

5

6

Sceaux d'Artisans.

1

+ SIGILLVM + COMISSORVM + DOMVS + DEI + PARISIENSIS +

2

Sigellum : Magnum : Regni : Bazoche :

 AUGUSTINS.

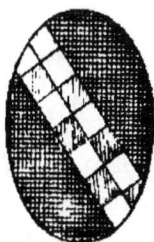 BERNARDINS.

 CARMES.

 CÉLESTINS.

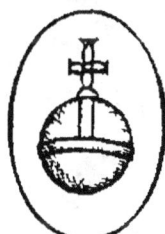 CHARTREUX.

 CLUNY.

 DOMINICAINS.

 FRANCISCAINS.

 JÉSUITES.

 MINIMES.

 ORATORIENS.

 PÉNITENS.

 PRÉMONTRÉS.

 C. DE ST. MAUR.

 FONTEVRAUD.

Marques de Communautés.

Evreux Imp. et Lith. d'Hérissey.

1

2

1

2

3

SIGILLVM

Consulum Civitatis Nemausensis

1236.

. Lith. de A. Hérissey, à Evreux. — 1591.

1

S. CAPITVLI SEDIS CARCASSONE

N
C

2

OMLKIHGFEDCBA

ARRAS

BESANÇON

BORDEAUX

CAEN

CLERMONT

DIJON

LIMOGES

LION

PARIS

POITIERS

ROUEN

TOURS

7

5

2

1
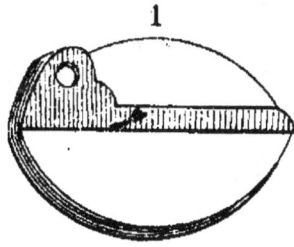

4
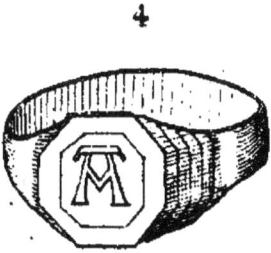

3
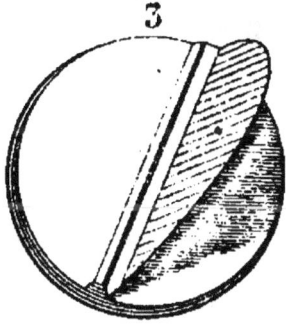

6

8

EN VENTE A LA MÊME LIBRAIRIE

ARCHIVES de l'art français, recueil de documents inédits relatifs à l'histoire des arts en France, publiées sous la direction de MM. A. de Montaiglon et Ph. de Chennevières. *Paris*, 1852-1858, 5 vol.—**Abécédario** de P.-J. Mariette et autres notes inédites de cet amateur sur les arts et les artistes. Ouvrage publié d'après les manuscrits autographes conservés au cabinet des Estampes de la Bibliothèque impériale, et annoté par MM. de Chennevières et A. de Montaiglon. *Paris*, 1853-1858, 5 vol.—Ensemble 10 vol. in-8º... 80 fr.
    Cette importante collection formera 12 vol.

CHASSANT. Paléographie des chartes et des manuscrits du xiᵉ au xviiᵉ siècle. *Paris*, 1854, pet. in-8º, avec 9 pl. in-4º. (*4ᵉ édition*)................ 8 fr.

COLLECTION générale des documents français qui se trouvent en Angleterre, recueillis et publiés par M. J. Delpit. *Paris*, 1847, in-4º.......... 12 fr.
    Ce vol. renferme plus de 400 documents qui intéressent à un haut degré l'histoire de la noblesse française. On y trouve entre autres le procès-verbal des hommages rendus au Prince-Noir, en 1363, par les vassaux des sénéchaussées de Bordeaux, des Landes, de Bigorre, de Cahors, d'Agen, de Condom, de Périgord, du Rouergue, d'Angoulême, de Poitiers, de Saintes, de Limoges et d'Armagnac. Cette pièce contient à elle seule 1,047 articles. Le compte des dépenses et des recettes de la principauté d'Aquitaine, de 1363 à 1370, contient 832 articles où figurent un grand nombre de seigneurs anglais et français, etc., etc.

FILLON. Monnaies françaises inédites. *Paris*, 1853, in-8º, avec 10 pl. représentant plus de 200 monnaies, br.......................... 10 fr.
— Considérations historiques et artistiques sur les monnaies de France. *Fontenay-Vendée*, 1850, in-8º, avec 4 pl., br.......................... 7 fr.

QUESNEVILLE. La Clef du blason, ouvrage élémentaire, avec figures, d'après la méthode du P. Menestrier. *Paris*, 1857, in-8º de 54 p., 3 pl........ 2 fr.
    Cet ouvrage, parfaitement conçu, donne en quelques pages le moyen d'expliquer avec facilité toutes les armoiries.

SOUS PRESSE

GUIGNE. Histoire de la signature au moyen âge, 1 vol. in-12 *orné de 16 planches.*

Evreux, A. HÉRISSEY, imp.

www.ingramcontent.com/pod-product-compliance
Lightning Source LLC
Chambersburg PA
CBHW070747270326
41927CB00010B/2095